CONCEITOS ECONÔMICOS BÁSICOS

ENTENDENDO O FUNCIONAMENTO DA ECONOMIA

Domingos de Gouveia Rodrigues

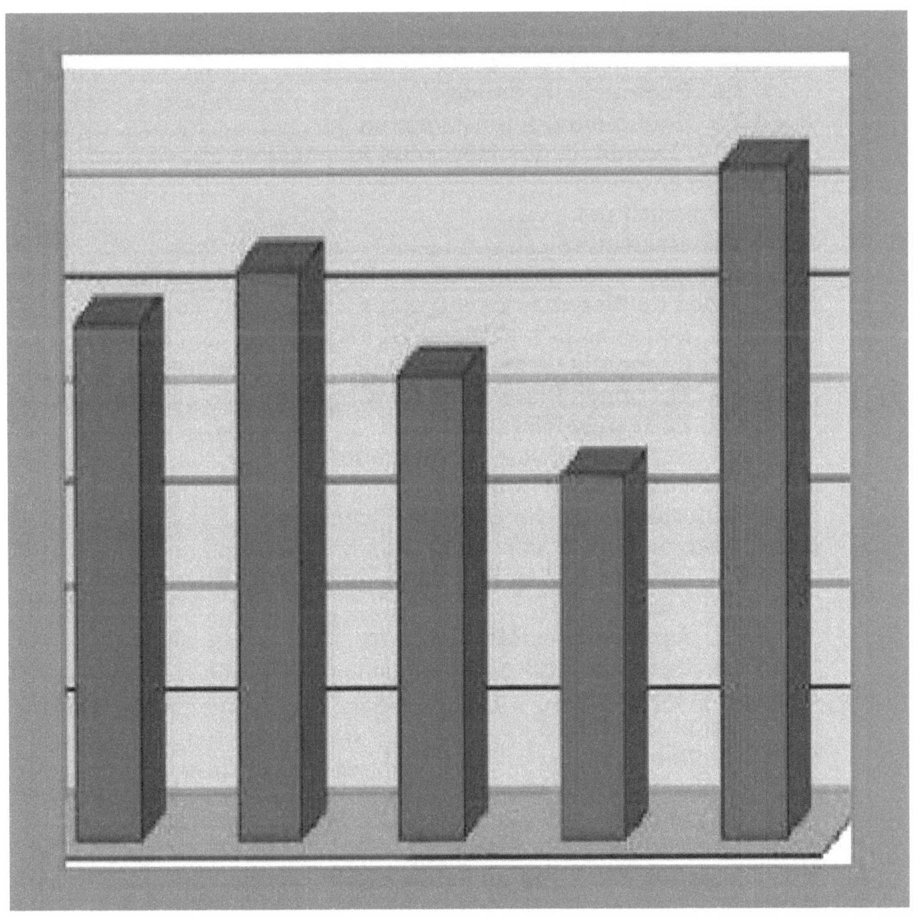

SUMÁRIO

1. Introdução

A economia é a ciência que estuda como a sociedade - indivíduos, empresas e governos - organiza seus recursos, escassos por natureza, para produzir bens e serviços que satisfaçam as necessidades e desejos humanos ilimitados. Desde as escolhas cotidianas dos indivíduos até as complexas decisões governamentais que afetam nações inteiras, a economia permeia todos os aspectos da vida. Para entender as engrenagens que movem o mundo, é essencial dominar alguns conceitos fundamentais que formam a base da análise econômica. Este livro foi elaborado com o objetivo de proporcionar uma compreensão clara e acessível dos principais conceitos econômicos, levando o leitor a uma visão abrangente dos conceitos básicos da economia, organizados de forma didática para iniciantes e aqueles que desejam revisar ou aprofundar seu conhecimento.

A economia é uma ciência que permeia todos os aspectos de nossas vidas, moldando as decisões que tomamos diariamente, desde as mais simples, como o que comprar para o jantar, até as mais complexas, como as políticas que definem o rumo de uma nação. Em um mundo cada vez mais interconectado e globalizado, a compreensão dos conceitos econômicos básicos se torna não apenas desejável, mas essencial para qualquer cidadão que deseje participar ativamente do debate econômico, social e político.

Dividido em capítulos que abordam temas-chave da ciência econômica, este livro oferece um guia para entender como os sistemas econômicos operam, os fatores que influenciam as decisões econômicas e o impacto dessas decisões na sociedade. Através de exemplos do mundo real, gráficos, equações e explicações claras, cada conceito será explorado de maneira a permitir que o leitor construa uma base sólida para compreender o campo econômico e suas muitas ramificações.

Inicialmente, apresentamos algumas citações famosas sobre Economia. Depois, definimos Economia e Economia Política. Em seguida, apresentamos os principais ramos da Economia, definimos sistema econômico, fatores de produção, bens, metodologia científica da economia, fatos e fenômenos econômicos, leis econômicas, alguns conceitos fundamentais, relacionamos a economia com as demais ciências em especial com o direito, analisamos as consequências econômicas das decisões jurídicas, definimos economia positiva e economia normativa, discutimos o problema da escolha e o princípio da escassez, a curva de possibilidades de produção, o problema da organização econômica, o fluxo circular da produção e do consumo, o preço de equilíbrio, os choques econômicos, produtividade e, finalmente, apresentamos um quadro com os principais fundamentos econômicos, em que definimos fundamento econômico, problema econômico e solução para o problema econômico. Em anexo, apresentamos uma descrição e análise dos conceitos de elasticidade em microeconomia e como as empresas utilizam os cálculos de elasticidade de seus produtos.

Essa estrutura fornece um caminho claro e detalhado para entender os principais conceitos econômicos, tornando-os acessíveis e relevantes para os leitores. Cada capítulo oferece uma base sólida para explorar o funcionamento dos mercados, a interação entre os agentes econômicos e as políticas públicas que moldam o ambiente econômico global, oferecendo uma base sólida para a compreensão dos conceitos econômicos fundamentais, permitindo que o leitor compreenda melhor o mundo ao seu redor. Com esses conhecimentos, é possível analisar decisões individuais, políticas públicas e tendências globais de uma maneira mais informada e crítica.

Ao final desta jornada, esperamos que o leitor não apenas tenha adquirido um entendimento mais profundo dos conceitos econômicos, mas que também esteja mais preparado para aplicar esse conhecimento na vida diária, contribuir para discussões informadas e entender melhor as forças que moldam o mundo ao seu redor. A economia é uma ferramenta poderosa, e, com ela, podemos tomar decisões mais conscientes e responsáveis.

2. Citações Famosas de Economia

"A desvantagem do capitalismo é a desigual distribuição das riquezas; a vantagem do socialismo é a igual distribuição das misérias." Winston Churchill (1874-1965)

"A economia significa o poder de repelir o supérfluo no presente, com o fim de assegurar um bem futuro e sobre este aspecto representa o domínio da razão sobre o instinto animal." Thomas Atkinson (1799-1861)

"Se comprares aquilo de que não careces, não tardarás a vender o que te é necessário." Benjamim Franklin (1706-1790)

"Se acrescentas pouco ao pouco, mas com frequência, logo esse pouco passará a ser muito." Hesíodo (Séc. VIII a.C.)

"É lógico que o produto de dois dias ou duas horas de trabalho valha o dobro daquilo que normalmente só requer um dia ou uma hora de trabalho." Adam Smith (1723-1790)

"Hoje em dia está na moda falar sobre a Nova Economia, ou a Economia da Informação, ou a Economia do Conhecimento. Mas quando eu penso nos imperativos deste mercado, eu vejo a economia de hoje em dia como a Economia do Valor. Adicionar valor tornou-se mais do que apenas um princípio dos negócios; é tanto o seu denominador comum como a sua vantagem competitiva." Arthur Levitt (1931-)

"Eu reduziria o déficit em cinco minutos. Bastava passar uma lei que diria que sempre que o défice for maior do que 3% do produto interno bruto, todos os membros do congresso deixariam de ser elegíveis para uma reeleição." Warren Buffet (1930 -)

"A sensatez, pelo que respeita aos bens da fortuna, explica-se de quatro modos: em adquiri-los, em considerá-los, em aumentá-los e deles usar convenientemente." Plutarco (46 – 120)

"Os filósofos interpretaram de maneira diferente o mundo, mas importa modificá-lo." Karl Marx (1818-1883)

"O homem mais rico é o homem mais econômico, e o mais pobre o avarento." Sébastien-Roch Chamfort (1741-1794)

"A riqueza de uma nação se mede pela riqueza do povo e não pela riqueza dos príncipes." Adam Smith (1723-1790)

"Entre a avareza e a prodigalidade, encontra-se a economia, e esta é a virtude que o homem honesto deve praticar." Paolo Mantegazza (1831-1910)

"O orçamento nacional deve ser equilibrado. As dívidas devem ser reduzidas, a arrogância das autoridades deve ser moderada e controlada. Os pagamentos a governos estrangeiros devem ser reduzidos se a nação não quiser ir à falência. As pessoas devem, novamente, aprender a trabalhar, em vez de viver por conta pública." Marco Túlio Cícero (106-43 a.C.)

"Transformar o empresário em especulador é golpear o capitalismo porque isso destrói o mecanismo psicológico que permite a perpetuação de recompensas desiguais(...). O empresário só é tolerável enquanto se pode aceitar que seus ganhos guardam alguma relação com aquilo que, grosseiramente em qualquer sentido, suas atividades trouxeram como contribuição para a sociedade". John Maynard Keynes (1883-1946)

"A economia só será viável se for humana, para o homem e pelo homem." João Paulo II (1920-2005)

"Não criarás prosperidade se desestimulares a poupança. Não criarás estabilidade permanente baseada em dinheiro emprestado. Não evitarás dificuldades financeiras se gastares mais do que ganhas. Não poderás ajudar os homens de maneira permanente se fizeres por eles aquilo que eles podem e devem fazer por si próprios." Abraham Lincoln (1809-1865)

"A preservação da liberdade é a principal razão para a limitação e descentralização do poder do governo. Mas há também uma razão construtiva. Os grandes avanços da civilização - quer na arquitetura ou na pintura, quer na ciência ou na literatura, quer na indústria ou na agricultura – nunca vieram de governos centralizados." Milton Friedman (1912-2006)

"A doença brasileira não é do setor privado, é do setor público. E essa doença se revela através do déficit fiscal." Roberto Campos (1917-2001)

"Quando a realidade econômica muda, minha convicção acadêmica também muda." John Maynard Keynes (1883-1946)

"Na economia de mercado não há outro meio de adquirir e preservar a riqueza, a não ser fornecendo às massas o que elas querem, da maneira melhor e mais barata possível." Ludwig Von Mises (1881-1973)

"A primeira lição da economia é a escassez: nunca há o bastante de algo para satisfazer todos aqueles que o querem. A primeira lição da política é ignorar a primeira lição da economia." Thomas Sowell (1930 -)

"A visão do governo sobre a economia poderia ser resumida em umas poucas frases curtas: Se ela se movimenta, taxe-a. Se ela continua se movimentando, regule-a. E se ela para de se mover, subsidie-a." Ronald Reagan (1911-2004)

"A maioria dos planejadores que analisaram em profundidade os aspectos práticos de sua tarefa está certa de que uma economia dirigida deve seguir linhas mais ou menos ditatoriais." Friedrich August von Hayek (1899–1992)

"O princípio central de uma economia de mercado é a cooperação através de troca voluntária. Os indivíduos cooperam entre si porque podem, desta forma, satisfazer suas necessidades de modo mais efetivo. Mas, a não ser que um indivíduo receba na base do que acrescenta ao produto, ele participará da troca na base do que puder receber e não do que puder produzir. Não haverá trocas mutuamente proveitosas se cada uma das partes receber apenas o correspondente à sua contribuição para o produto final. O pagamento de acordo com o produto é, portanto, necessário para que os recursos sejam usados de modo altamente efetivo, pelo menos sob um sistema que depende de cooperação voluntária." Milton Friedman (1912 - 2006)

"A economia é a ciência que estuda a escassez." - Lionel Robbins, An Essay on the Nature and Significance of Economic Science (1932)

"Não há tal coisa como um almoço grátis." - Milton Friedman, Free to Choose (1975)

"A verdadeira medida de qualquer economia é a capacidade de atender às necessidades básicas de todos os cidadãos." - Amartya Sen, Development as Freedom (1999)

"Os mercados são como a água. Eles sempre vão em direção à gravidade." - Paul Samuelson, Economics (1980)

"O que podemos aprender com a economia é que, se não houver escassez, não haverá necessidade de se preocupar com a escolha." - Thomas Sowell, Basic Economics (1996)

"A economia não é apenas uma ciência, mas uma arte de fazer escolhas." - Paul Samuelson, Economics (1948)

"A inflação é como roubar o pobre para dar ao rico." - Thomas Sowell, Say's Law: An Historical Analysis (1980)

"Uma sociedade que coloca igualdade antes da liberdade acabará sem liberdade." - Milton Friedman, Capitalism and Freedom (1962)

"A melhor maneira de prever o futuro é criá-lo." - Peter Drucker, The Practice of Management (2010)

"As pessoas que gastam mais do que ganham estão, em última análise, tomando dinheiro de outros." - Thomas Sowell, Economic Facts and Fallacies (2010)

"A política econômica não é apenas uma questão de alocação de recursos, mas também de motivação." - Daniel Kahneman, Thinking, Fast and Slow (2011)

"O progresso econômico é baseado na liberdade de escolha." - Richard Posner, Public Intellectuals: A Study of Decline (2001)

"O verdadeiro custo de qualquer coisa é o que você sacrifica para obtê-la." - David Friedman, The Machinery of Freedom (1996)

"A renda é o que você ganha, mas a riqueza é o que você economiza." - T. Harv Eker, Secrets of the Millionaire Mind (2005)

"O dinheiro não pode comprar felicidade, mas pode comprar uma casa, e isso é quase a mesma coisa." - David Leavitt, The Body of Adam (1992)

"A economia é uma forma de organização da sociedade." - Karl Marx, O Capital (1867)

"Os economistas são conhecidos por fazer previsões que falham." - John Kenneth Galbraith, The New Industrial State (1973)

"É mais fácil desintegrar um átomo do que um preconceito econômico." – Albert Einstein (1941)

"As taxas de juros são a música de fundo da economia." - Alan Greenspan, The Age of Turbulence (1996)

"A economia é uma ciência triste." - John Maynard Keynes, The General Theory of Employment, Interest, and Money (1936)

"A riqueza das nações depende da capacidade produtiva de seu trabalho."
— Adam Smith (1723 – 1790), A Riqueza das Nações (1776)

"Os capitalistas podem comprar mais barato porque podem pagar em dinheiro; podem pagar em dinheiro porque têm mais lucro; e têm mais lucro porque compram mais barato."
— Karl Marx (1818 – 1883), O Capital (1867)

"No longo prazo, todos estaremos mortos."
— John Maynard Keynes (1883 – 1946), A Tract on Monetary Reform (1923)

"O maior problema de todo o mundo é a pobreza nas regiões em desenvolvimento."
— Amartya Sem (1933 -), Development as Freedom (1999)

"Os homens de negócios buscam lucros, e não a estabilidade social."
— Milton Friedman (1912 – 2006), Capitalismo e Liberdade (1962)

"A inflação é sempre e em todo lugar um fenômeno monetário."
— Milton Friedman (1912 – 2006), Inflation and Unemployment (1970)

"Quando as pessoas têm incentivos para agir de maneira produtiva, isso promove a criação de riqueza."
— Friedrich Hayek (1899 – 1992), O Caminho da Servidão (1944)

"Os economistas colocam a carroça antes dos bois: procuram otimizar o comportamento dado o sistema de preços, quando é o sistema de preços que precisa ser otimizado primeiro."
— Joseph Stiglitz (1943 -), Globalization and Its Discontents (2002)

"As necessidades humanas não têm fim, mas os recursos disponíveis são limitados."
— Lionel Robbins (1898 – 1984), Ensaio sobre a Natureza e o Significado da Ciência Econômica (1932)

"A liberdade econômica é condição necessária para a liberdade política."
— Ludwig von Mises (1881 – 1973), Liberalismo (1927)

"O problema fundamental da economia é a escassez: recursos limitados versus necessidades humanas ilimitadas."
— Paul Samuelson (1915 – 2009), Fundamentos da Análise Econômica (1947)

"A dívida pública, se não for excessiva, será uma benção para a nação."
— Alexander Hamilton (1755 – 1804), Relatório sobre o Crédito Público (1790)

"Os governos nunca deveriam deixar de investir em educação."
— Adam Smith (1723 – 1790), A Riqueza das Nações (1776)

"A economia moderna não pode ser compreendida sem entender o papel
crucial dos bancos centrais."
— Alan Greenspan (1926 -), Era da Turbulência (2007)

"Os monopólios e os cartéis devem ser quebrados para que a economia de
mercado funcione."
— Theodore Roosevelt (1858 – 1919), discurso público (1901)

"O capitalismo destrói seu próprio fundamento, criando desigualdades
insustentáveis."
— Thomas Piketty (1971 -), O Capital no Século XXI (2013)

"Não é da benevolência do açougueiro, do cervejeiro ou do padeiro que
esperamos nosso jantar, mas de sua consideração por seus próprios
interesses."
— Adam Smith (1723 – 1790), A Riqueza das Nações (1776)

"As flutuações econômicas são inevitáveis, mas devem ser administradas
para minimizar o sofrimento humano."
— John Maynard Keynes (1883 – 1946), Teoria Geral do Emprego, do Juro
e da Moeda (1936)

"A função social do lucro é alocar capital de maneira eficiente."
— Milton Friedman (1912 – 2006), Capitalismo e Liberdade (1962)

"Uma sociedade que coloca a igualdade à frente da liberdade acabará sem
igualdade e sem liberdade."
— Milton Friedman (1912 – 2006), Free to Choose (1980)

Essas citações são amplamente reconhecidas na literatura econômica e
refletem diferentes escolas de pensamento ao longo da história.

3. Definição de Economia

A Economia é uma ciência que se utiliza de um instrumental científico rigoroso para estudar a produção, distribuição e consumo de bens e serviços, levando em consideração as necessidades e desejos humanos ilimitados a longo prazo. A economia busca compreender as interações entre os diversos agentes econômicos e as consequências dessas interações, tanto em nível microeconômico quanto macroeconômico.

A palavra Economia é derivada do grego oikonomía e do latim oeconomia. Atribui-se a Aristóteles (384-322 a.C.) o primeiro uso do termo economia. A Economia é uma Ciência, com características às vezes de ciência exata – pelo uso de instrumental matemático rigoroso - e às vezes de ciência social – a preocupação é com o bem-estar social.

3.1. Definição Completa de Economia

1. Escassez: A economia parte do princípio de que os recursos são limitados, enquanto as necessidades e desejos humanos são praticamente ilimitados. Essa condição de escassez leva à necessidade de escolha e à priorização de alocações. Resumidamente, a Economia é a ciência da escassez. Assim, podemos dizer que se não houvesse escassez de recursos não existiria a própria Ciência Econômica. Como ciência social, o objeto central da Economia é o ser humano. Portanto, o objeto central da Economia é dominar, para o bem da sociedade, a escassez de recursos no planeta propiciando-lhe alcançar a melhoria de suas condições de vida.
2. Agentes Econômicos: A economia considera diferentes agentes que atuam no mercado, incluindo:
   - Indivíduos: Consumidores que buscam maximizar sua satisfação e bem-estar.
   - Empresas: Produtores que visam maximizar seus lucros, decidindo sobre a produção e preços.
   - Governo: Entidade que regula a economia por meio de políticas fiscais e monetárias, buscando promover o bem-estar social e a estabilidade econômica.
3. Microeconomia e Macroeconomia:
   - Microeconomia: Analisa o comportamento individual dos agentes econômicos, como consumidores e empresas, e suas interações em mercados específicos. Estuda questões como oferta e demanda, formação de preços e teorias do consumidor.
   - Macroeconomia: Foca no desempenho global da economia, abordando temas como crescimento econômico, inflação, desemprego, políticas monetárias e fiscais, e balança de pagamentos.
4. Teoria e Prática: A economia é tanto uma ciência teórica, que desenvolve modelos e princípios para explicar comportamentos e

fenômenos, quanto uma prática aplicada, que envolve a análise de dados e a formulação de políticas públicas.

5. **Distribuição de Riquezas:** A economia também estuda como a riqueza e os recursos são distribuídos na sociedade, abordando questões de desigualdade, justiça social e eficiência econômica.
6. **Instituições e Estruturas:** A economia investiga o papel das instituições, leis e estruturas que moldam a atividade econômica. Isso inclui a análise de sistemas monetários, regulamentos, políticas comerciais e sistemas legais que afetam a dinâmica econômica.
7. **Interações Globais:** A economia é global, e as interações entre economias nacionais e internacionais são essenciais para entender questões como comércio, investimento estrangeiro, fluxos de capital e crises econômicas.
8. **Inovação e Tecnologia:** A evolução tecnológica e a inovação são fatores cruciais que influenciam a produtividade, a competitividade e as estruturas de mercado, afetando diretamente o crescimento econômico.
9. **Sustentabilidade:** Em tempos recentes, a economia também tem se preocupado com a sustentabilidade ambiental, integrando a análise econômica com questões sociais e ecológicas. Isso envolve a busca por modelos de desenvolvimento que garantam o bem-estar das futuras gerações.
10. **Ética e Comportamento:** A economia, além de ser uma ciência, também envolve questões éticas relacionadas às decisões econômicas e suas consequências. O comportamento dos agentes econômicos pode ser influenciado por fatores sociais, culturais e psicológicos.

Conclusão: A economia é uma disciplina abrangente que vai além da mera análise numérica de dados econômicos. Ela busca entender o funcionamento das sociedades através de suas escolhas econômicas, as consequências dessas escolhas e as inter-relações entre os diferentes agentes econômicos. O objetivo final da economia é contribuir para a melhoria da qualidade de vida, promovendo o crescimento sustentável, a equidade e a eficiência na utilização dos recursos escassos disponíveis.

3.2. Economia política

Economia Política é um campo de estudo que explora a interseção entre economia e política, analisando como as políticas governamentais, instituições e práticas sociais influenciam a atividade econômica e, inversamente, como os fatores econômicos moldam o comportamento político. Ela examina o papel do governo na economia, a distribuição de poder e recursos, e as interações entre diferentes agentes econômicos e políticos. A Economia Política estuda os fenômenos econômicos levando em conta os aspectos históricos, sociais e políticos e sua evolução no tempo.

3.2.1. Características da Economia Política

1. Interdisciplinaridade: A economia política combina elementos da economia, ciência política, sociologia e história. Essa abordagem abrangente permite uma análise mais completa dos fenômenos sociais e econômicos.
2. Estudo das Políticas Públicas: A economia política analisa como as decisões políticas impactam a economia. Isso inclui a avaliação de políticas fiscais, monetárias, regulatórias e comerciais, bem como suas consequências sociais e econômicas.
3. Análise do Poder e da Distribuição: A economia política investiga como o poder político afeta a distribuição de recursos e bens. Ela considera quem se beneficia das políticas econômicas e como as desigualdades sociais e econômicas são geradas e perpetuadas.
4. Influência da Ideologia: As ideologias políticas, como o liberalismo, o socialismo e o conservadorismo, moldam as visões sobre a economia e influenciam as políticas públicas. A economia política estuda como essas ideologias se manifestam em práticas e instituições econômicas.
5. Impacto Global: A economia política também considera as interações econômicas e políticas em nível global, analisando como as relações internacionais, como comércio, investimento e política externa, afetam as economias nacionais e a governança.

3.2.2. Principais Temas da Economia Política

1. Teoria do Estado: Estuda o papel do governo na economia, incluindo a análise das funções do Estado e das instituições políticas.
2. Políticas Econômicas: Avalia as políticas fiscais (impostos e gastos públicos), políticas monetárias (controle da oferta de moeda e taxas de juros), e políticas regulatórias (regras que governam a atividade econômica).
3. Desenvolvimento Econômico: Investiga como as políticas governamentais influenciam o crescimento econômico e o desenvolvimento social, especialmente em países em desenvolvimento.
4. Comércio Internacional: Analisa como as políticas comerciais e acordos internacionais impactam a economia local e global.
5. Desigualdade e Pobreza: Estuda como as políticas e estruturas de poder contribuem para desigualdades econômicas e sociais e como essas desigualdades podem ser abordadas.

Conclusão: A economia política é um campo vital para entender a complexidade das interações entre economia e política. Ela fornece insights sobre como as decisões políticas moldam o ambiente econômico e como as condições econômicas influenciam o comportamento político e social. Ao explorar essas dinâmicas, a economia política contribui para o desenvolvimento de políticas públicas mais eficazes e justas, promovendo uma melhor compreensão dos desafios econômicos e sociais enfrentados pelas sociedades contemporâneas.

4. Ramos da Ciência Econômica

A ciência econômica é um campo amplo e multifacetado, dividido em diversos ramos que se concentram em diferentes aspectos da atividade econômica. Os principais ramos da ciência econômica são:

4.1. História do Pensamento Econômico

A história do pensamento econômico é o campo de estudo que investiga a evolução das ideias e teorias econômicas ao longo do tempo. Ela analisa como diferentes economistas, escolas de pensamento e contextos históricos influenciaram o desenvolvimento da economia como disciplina. O foco está em compreender as mudanças nas formas de entender conceitos econômicos fundamentais, como valor, riqueza, produção, distribuição, comércio e o papel do Estado na economia.

Este campo examina desde os primeiros pensadores econômicos na Antiguidade (como Aristóteles), passando pelos mercantilistas e fisiocratas, até as grandes contribuições de economistas clássicos como Adam Smith e David Ricardo. Também abrange o desenvolvimento de correntes como o marxismo, marginalismo, keynesianismo, monetarismo e outras abordagens contemporâneas.

A história do pensamento econômico é essencial para entender como as teorias econômicas evoluíram em resposta a mudanças tecnológicas, sociais, políticas e culturais, bem como para identificar as limitações e contribuições de diferentes perspectivas ao longo do tempo.

4.2. Microeconomia

A microeconomia é o ramo da economia que estuda o comportamento individual de agentes econômicos, como consumidores, empresas e trabalhadores, bem como a interação entre eles em mercados específicos. O foco está em compreender como as decisões desses agentes afetam a oferta, a demanda e os preços de bens e serviços, além de como alocam recursos escassos para satisfazer suas necessidades e desejos. A microeconomia analisa as escolhas que esses indivíduos fazem em função de incentivos, restrições e trocas.

1. Teoria do Consumidor

A teoria do consumidor estuda como os indivíduos ou famílias decidem gastar sua renda limitada para maximizar sua satisfação ou utilidade. Os principais conceitos incluem:

- **Preferências:** O consumidor tem preferências sobre diferentes combinações de bens e serviços.
- **Utilidade:** Refere-se à satisfação ou prazer que o consumo de um bem ou serviço traz.

- Curva de Indiferença: Representa todas as combinações de dois bens que proporcionam o mesmo nível de utilidade ao consumidor.
- Orçamento: A restrição orçamentária limita as escolhas do consumidor com base em sua renda.
- Maximização da utilidade: O consumidor procura a combinação de bens que lhe proporcione a maior utilidade dentro de suas restrições orçamentárias.
- Elasticidade-preço da demanda: A elasticidade mede a sensibilidade da quantidade demandada a mudanças no preço de um bem. Se a demanda é elástica, uma pequena variação no preço gera uma grande mudança na quantidade demandada. Se é inelástica, as mudanças no preço têm pouco impacto sobre a quantidade demandada. Bens essenciais tendem a ter demanda inelástica, enquanto bens supérfluos possuem demanda mais elástica.

2. Teoria da Firma

A teoria da firma examina como as empresas tomam decisões sobre a produção, o preço e o nível de investimento, visando maximizar seus lucros. Os principais elementos incluem:

- Função de produção: Relação entre os insumos (fatores de produção) e a quantidade de produtos produzidos.
- Custos de produção: Incluem custos fixos e variáveis, que determinam como as firmas escolhem a quantidade ideal a ser produzida. Esses custos influenciam diretamente a formação de preços pelas empresas, que buscam cobrir seus custos e obter lucro.
- Maximização de lucro: As empresas procuram produzir a quantidade de bens que maximiza a diferença entre receitas e custos.
- Formação de preços: Na formação de preços, as empresas consideram o custo marginal (o custo de produzir uma unidade adicional de um bem) e a elasticidade da demanda pelo produto. Se a demanda é elástica, as empresas podem precisar definir preços mais baixos para atrair consumidores. Se a demanda for inelástica, elas podem elevar os preços sem grande perda de vendas.
- Economias de escala: Reduções nos custos de produção por unidade à medida que a empresa aumenta a produção.

3. Teoria da Oferta e Demanda

A teoria da oferta e demanda é o fundamento da análise de mercado e dos preços. Ela explica como os preços de bens e serviços são determinados em um mercado competitivo.

- Demanda: Refere-se à quantidade de um bem ou serviço que os consumidores estão dispostos e capazes de comprar a diferentes níveis de preços.

- Oferta: Refere-se à quantidade de um bem ou serviço que os produtores estão dispostos a fornecer a diferentes preços.
- Formação de preços: Os preços em um mercado competitivo são formados pela interação entre oferta e demanda. O preço de equilíbrio é o preço em que a quantidade demandada é igual à quantidade ofertada. Se a demanda aumenta e a oferta permanece constante, os preços tendem a subir. Se a oferta aumenta e a demanda permanece estável, os preços tendem a cair.
- Elasticidade-preço da demanda e da oferta: A elasticidade também é crucial para a formação de preços. Quanto mais elástica for a demanda ou a oferta, mais sensíveis serão as quantidades às mudanças de preço. No caso de elasticidade-preço da oferta, se os produtores podem aumentar rapidamente a produção quando os preços sobem, a oferta é elástica.
- Equilíbrio de mercado: O preço de equilíbrio ocorre onde a quantidade demandada é igual à quantidade ofertada.
- Elasticidade-preço cruzada da demanda: Mede a sensibilidade da quantidade demandada de um bem em resposta à variação do preço de outro bem. Bens substitutos têm elasticidade cruzada positiva (se o preço de um bem sobe, a demanda pelo outro também aumenta), enquanto bens complementares têm elasticidade cruzada negativa.

4. Estruturas de Mercado

A microeconomia analisa diferentes tipos de mercados com base na quantidade de concorrência e no poder de mercado das empresas. As principais estruturas são:

- Concorrência Perfeita: Mercado em que há muitos compradores e vendedores, produtos homogêneos e liberdade de entrada e saída. Nenhum agente tem poder para influenciar o preço, que é determinado pela interação de oferta e demanda.
- Monopólio: Um único vendedor domina o mercado e controla o preço, podendo fixar preços mais altos por falta de concorrência.
- Concorrência Monopolística: Muitas empresas competem, mas os produtos são diferenciados, permitindo que cada uma tenha algum controle sobre o preço. A elasticidade da demanda é maior do que no monopólio, pois há substitutos próximos.
- Oligopólio: Poucas empresas dominam o mercado, e suas decisões de preços e produção afetam diretamente umas às outras. Nesses mercados, a formação de preços pode envolver comportamentos estratégicos, como colusão ou liderança de preços.

5. Falhas de Mercado

A microeconomia também estuda situações em que os mercados não alocam os recursos de maneira eficiente, chamadas de falhas de mercado. As principais incluem:

- **Externalidades:** Quando os custos ou benefícios de uma decisão afetam terceiros não envolvidos, como poluição ou vacinação.
- **Bens públicos:** Bens que são não-excludentes e não-rivais, como iluminação pública, que não podem ser fornecidos eficientemente por mercados privados.
- **Informação assimétrica:** Quando uma parte em uma transação tem mais informação do que a outra, levando a ineficiências, como no caso do "mercado de limões" em carros usados.

6. Teoria dos Jogos e Comportamento Estratégico

A teoria dos jogos é usada para analisar o comportamento estratégico entre agentes econômicos que tomam decisões interdependentes. Isso é importante especialmente em mercados com poucas empresas (oligopólios) e em negociações.

- **Jogos simultâneos e sequenciais:** Estudam como agentes tomam decisões com base nas ações dos outros.
- **Equilíbrio de Nash:** Situação em que nenhum jogador pode melhorar sua posição, dado o comportamento dos outros.

7. Economia do Bem-Estar

A microeconomia também examina como diferentes alocações de recursos afetam o bem-estar social. Os economistas usam medidas como o excedente do consumidor e do produtor para avaliar a eficiência e equidade das distribuições de bens e serviços.

8. Políticas Microeconômicas

As políticas microeconômicas são intervenções governamentais em mercados para corrigir falhas de mercado ou promover maior eficiência e equidade. Exemplos incluem:

- **Tributação:** Impostos podem ser usados para corrigir externalidades negativas (como impostos sobre emissões de carbono).
- **Subsídios:** Incentivos financeiros dados pelo governo para encorajar a produção ou consumo de certos bens, como a energia renovável.
- **Regulação:** O governo pode regular práticas de mercado para proteger consumidores ou o meio ambiente.

Conclusão: A microeconomia fornece as ferramentas e os modelos para entender como indivíduos e empresas tomam decisões econômicas e como essas decisões afetam o funcionamento dos mercados. Ela também ajuda a identificar áreas onde o mercado falha e onde a intervenção governamental pode ser necessária para melhorar o bem-estar social. Com sua ênfase nas escolhas individuais e nos pequenos segmentos da economia, a microeconomia é fundamental para compreender as dinâmicas dos mercados e a alocação de recursos em uma sociedade.

4.2.1. Economia Industrial

- **Descrição:** Estuda a estrutura e o funcionamento das indústrias, analisando a concorrência, a concentração de mercado e o comportamento das empresas. Examina a dinâmica da concorrência e das estratégias empresariais.
- **Temas:** Teorias de oligopólio, competição perfeita e imperfeita, políticas antitruste, entre outros.

4.3. Macroeconomia

A macroeconomia é o ramo da economia que estuda o comportamento da economia como um todo, em escala nacional e global, analisando agregados econômicos como o nível de produção total, a renda nacional, a taxa de inflação, a taxa de desemprego, as taxas de juros, o comércio internacional e o crescimento econômico. Enquanto a microeconomia foca em indivíduos e firmas, a macroeconomia examina o desempenho geral das economias e a forma como as políticas governamentais podem influenciar esses grandes agregados.

Principais conceitos e áreas da macroeconomia:

1. Produto Interno Bruto (PIB)

O PIB é uma das métricas centrais na macroeconomia e representa o valor total de todos os bens e serviços finais produzidos dentro de um país durante um determinado período de tempo (geralmente um ano). O PIB pode ser medido de três maneiras diferentes:

- **PIB pelo método da produção:** Soma o valor adicionado de todos os setores da economia.
- **PIB pelo método da renda:** Soma todas as rendas recebidas pelos fatores de produção (salários, lucros, aluguéis, juros).
- **PIB pelo método da despesa:** Soma os gastos de todos os agentes econômicos (consumo das famílias, investimentos, gastos do governo, exportações líquidas).

O PIB é uma medida importante do bem-estar econômico de um país, embora tenha limitações, pois não leva em conta a distribuição de renda, o trabalho informal, ou externalidades como o impacto ambiental.

2. Inflação

A inflação é o aumento geral e contínuo nos níveis de preços de bens e serviços em uma economia ao longo do tempo. A inflação reduz o poder de compra do dinheiro, o que significa que, com o passar do tempo, a mesma quantidade de dinheiro compra menos bens e serviços. Os principais índices usados para medir a inflação são:

- Índice de Preços ao Consumidor (IPC): Mede as mudanças no custo de uma cesta fixa de bens e serviços consumidos pelas famílias.
- Índice de Preços ao Produtor (IPP): Mede a variação nos preços de venda de bens e serviços no estágio de produção.

A inflação pode ser causada por:

- Inflação de demanda: Quando a demanda agregada excede a oferta disponível de bens e serviços.
- Inflação de custos: Quando há aumento nos custos de produção (como salários ou insumos) que são repassados aos preços finais.
- Inflação inercial: Quando a expectativa de inflação leva os agentes econômicos a ajustarem preços e salários continuamente para compensar perdas de poder de compra.

3. Desemprego

O desemprego é uma das variáveis-chave na macroeconomia e se refere à parcela da força de trabalho que está disposta a trabalhar, mas não consegue encontrar emprego. Existem diferentes tipos de desemprego:

- Desemprego cíclico: Relacionado aos ciclos econômicos. Aumenta em períodos de recessão e diminui durante expansões.
- Desemprego estrutural: Resulta de mudanças estruturais na economia que tornam certas habilidades ou indústrias obsoletas.
- Desemprego friccional: Ocorre quando as pessoas estão entre empregos ou procurando seu primeiro emprego.
- Desemprego sazonal: Associado a variações nas demandas de trabalho durante diferentes épocas do ano (como agricultura ou turismo).

A taxa de desemprego é uma métrica importante para avaliar a saúde econômica e a capacidade de uma economia de empregar sua força de trabalho.

4. Política Fiscal

A política fiscal refere-se ao uso dos gastos do governo e da tributação para influenciar a economia. O governo pode ajustar suas despesas e receitas para controlar o crescimento econômico, a inflação e o desemprego. As principais ferramentas da política fiscal incluem:
- Gastos do governo: O aumento dos gastos do governo pode estimular a economia, aumentando a demanda agregada, enquanto cortes nos gastos podem reduzir a atividade econômica.
- Tributação: Reduções nos impostos aumentam a renda disponível das famílias e os lucros das empresas, estimulando o consumo e o investimento. Aumentos de impostos têm o efeito contrário.

- **Déficit e superávit fiscal:** Quando os gastos do governo excedem suas receitas, ocorre um déficit fiscal, que pode ser financiado pela emissão de dívida. Um superávit fiscal ocorre quando as receitas excedem os gastos.

5. Política Monetária

A política monetária refere-se ao controle da quantidade de dinheiro em circulação e das taxas de juros por parte do banco central de um país (como o Banco Central do Brasil, o Federal Reserve dos EUA ou o Banco Central Europeu). A política monetária tem como objetivo estabilizar os preços e promover o crescimento econômico sustentável. Existem dois tipos principais:

- **Política monetária expansionista:** Aumenta a oferta de dinheiro e reduz as taxas de juros para estimular o investimento e o consumo, geralmente utilizada em períodos de recessão.
- **Política monetária contracionista:** Reduz a oferta de dinheiro e aumenta as taxas de juros para conter a inflação.

As ferramentas principais da política monetária incluem:

- **Taxa de juros básica:** Definida pelo banco central, influencia as taxas de empréstimos e financiamentos em toda a economia.
- **Operações de mercado aberto:** Compra e venda de títulos públicos para controlar a oferta de dinheiro.
- **Reservas compulsórias:** Percentual de depósitos que os bancos são obrigados a manter no banco central, afetando a quantidade de dinheiro disponível para empréstimos.

6. Crescimento Econômico

O crescimento econômico refere-se ao aumento sustentado da produção de bens e serviços em uma economia ao longo do tempo, medido principalmente pelo aumento do PIB. Fatores que contribuem para o crescimento econômico incluem:

- **Acumulação de capital:** Investimentos em infraestrutura, fábricas, equipamentos e tecnologias.
- **Progresso tecnológico:** Inovações que aumentam a eficiência e produtividade dos trabalhadores e das empresas.
- **Capital humano:** Educação e treinamento que aumentam a qualificação e a capacidade dos trabalhadores.
- **Recursos naturais:** Disponibilidade de recursos como terras férteis, petróleo e minerais.

O crescimento econômico é essencial para melhorar o padrão de vida e reduzir a pobreza, mas também pode gerar desafios, como desigualdade de renda e danos ambientais.

7. Ciclos Econômicos

Os ciclos econômicos referem-se às flutuações periódicas na atividade econômica de uma economia, com fases de expansão e contração. Um ciclo econômico típico passa por quatro fases:

- **Expansão:** Crescimento econômico acelerado, aumento da produção, emprego e renda.
- **Pico:** O ponto mais alto do ciclo econômico, onde a economia está operando em plena capacidade.
- **Recessão:** Declínio na atividade econômica, aumento do desemprego, e redução da produção e consumo.
- **Recuperação:** Retorno gradual ao crescimento, com aumento da produção e redução do desemprego.

8. Balança de Pagamentos e Comércio Internacional

A balança de pagamentos registra todas as transações econômicas entre um país e o resto do mundo, dividida em duas contas principais:

- **Conta corrente:** Inclui comércio de bens e serviços, rendimentos e transferências unilaterais (remessas, doações).
- **Conta de capital e financeira:** Inclui fluxos de investimentos diretos e de portfólio, bem como movimentações de reservas internacionais.

A macroeconomia também analisa os efeitos das políticas de comércio, como tarifas e acordos comerciais, e a influência de taxas de câmbio no equilíbrio econômico entre países.

9. Moeda e Taxas de Câmbio

A taxa de câmbio é o preço de uma moeda em relação a outra, e suas variações têm impacto direto sobre as exportações, importações e fluxo de capitais. Existem três regimes principais de taxa de câmbio:

- **Câmbio fixo:** O valor da moeda é atrelado a uma outra moeda ou a uma cesta de moedas.
- **Câmbio flutuante:** O valor da moeda é determinado pelas forças de mercado.
- **Câmbio híbrido:** Combina características dos dois anteriores, com intervenções ocasionais do banco central.

Conclusão: A macroeconomia busca entender as grandes questões que afetam a economia em larga escala e desenvolver políticas para promover o crescimento econômico sustentável, reduzir o desemprego, controlar a inflação e melhorar o bem-estar geral da população. Ela é essencial para a formulação de políticas econômicas e para compreender o funcionamento das economias globais em um mundo interconectado.

4.3.1. Economia do Desenvolvimento Econômico: estuda os fatores que explicariam o desenvolvimento econômico das nações a longo prazo.

- **Descrição:** Foca em questões relacionadas ao desenvolvimento econômico, especialmente em países em desenvolvimento. Analisa fatores que influenciam o crescimento econômico e a redução da pobreza.
- **Temas:** Indicadores de desenvolvimento humano, políticas de desenvolvimento, desigualdade de renda, pobreza, entre outros.

4.3.2. Economia do Crescimento Econômico: estuda os fatores que explicariam o crescimento econômico a longo prazo.

A economia do crescimento econômico é um ramo da economia que estuda os fatores e mecanismos que determinam o crescimento a longo prazo da produção e da renda de um país ou região. Ela se concentra em entender como as economias podem expandir sua capacidade produtiva ao longo do tempo, promovendo melhorias no bem-estar material da população.

Essa área de estudo investiga o papel de variáveis como o capital físico (infraestruturas, máquinas), capital humano (educação, saúde, habilidades da força de trabalho), progresso tecnológico, inovação, acumulação de conhecimento e políticas públicas. Também considera fatores institucionais e culturais, como a estabilidade política, o sistema jurídico e os direitos de propriedade, que podem facilitar ou dificultar o crescimento.

Os modelos mais famosos que tentam explicar o crescimento econômico incluem o modelo de Solow, que foca no papel do capital e da tecnologia, e os modelos de crescimento endógeno, que enfatizam a importância da inovação e dos incentivos internos de uma economia.

4.3.3. Economia Internacional

A economia internacional é o ramo da economia que estuda as interações econômicas entre diferentes países, incluindo o comércio de bens e serviços, o movimento de capitais, a política monetária e as trocas cambiais. Ela analisa como as economias estão interconectadas globalmente, como políticas governamentais afetam essas relações e como os fluxos internacionais de bens, serviços e capitais impactam o bem-estar econômico dos países envolvidos.

Aqui estão os principais aspectos da economia internacional:

1. Comércio Internacional

O comércio internacional refere-se ao intercâmbio de bens e serviços entre países. Ele permite que nações se especializem na produção de bens nos quais possuem uma vantagem comparativa, o que resulta em maior eficiência global e benefícios para os países envolvidos.

Principais Teorias do Comércio Internacional:

- **Teoria da Vantagem Comparativa (David Ricardo): Sugere que os países devem se especializar na produção de bens que podem produzir com menor custo de oportunidade, mesmo que sejam menos eficientes do que outros países na produção de todos os bens.**
- **Teoria da Vantagem Absoluta (Adam Smith): Defende que os países devem se concentrar em produzir bens nos quais são absolutamente mais eficientes do que outros países.**

O comércio internacional gera ganhos mútuos, mas pode criar perdedores no curto prazo, especialmente em setores que enfrentam competição externa. Por isso, governos frequentemente implementam políticas comerciais para proteger indústrias estratégicas ou emergentes, como tarifas, quotas de importação e subsídios.

2. Balança de Pagamentos

A balança de pagamentos é um registro das transações econômicas entre um país e o resto do mundo. Ela é composta por:

- **Balança Comercial: Registra a diferença entre as exportações e importações de bens e serviços.**
- **Conta de Capitais: Registra os fluxos de investimento, como compra de ativos financeiros e investimento direto estrangeiro (IDE).**

Um superávit na balança de pagamentos indica que o país está exportando mais do que importando, enquanto um déficit indica o oposto.

3. Taxas de Câmbio

A taxa de câmbio é o preço de uma moeda em termos de outra. Os regimes cambiais são os sistemas que os países adotam para administrar o valor de sua moeda em relação a outras moedas. A escolha do regime cambial influencia a economia de um país de várias formas, incluindo a inflação, a estabilidade econômica e as condições para o comércio internacional. Os principais regimes cambiais são:

1. Câmbio Fixo
- **Descrição: Neste regime, a moeda de um país tem um valor fixo em relação a uma moeda estrangeira (geralmente o dólar americano ou o euro) ou a uma cesta de moedas. O banco central do país se compromete a manter esse valor por meio de intervenções no mercado cambial, comprando ou vendendo reservas internacionais (como dólares) para controlar a oferta da moeda.**
- **Vantagens:**
  - **Estabilidade nas taxas de câmbio.**

- o Facilita o comércio internacional e o investimento estrangeiro, pois reduz o risco de flutuações cambiais.
- **Desvantagens:**
  - o Limita a política monetária interna, já que o banco central precisa priorizar a manutenção da taxa fixa.
  - o Pode gerar pressões inflacionárias ou deflacionárias caso o valor da moeda fixa esteja desalinhado com a economia real.
- **Exemplo:** Hong Kong tem um regime de câmbio fixo atrelado ao dólar americano.

2. Câmbio Flutuante (ou Livre Flutuação)

- **Descrição:** No câmbio flutuante, o valor da moeda é determinado pelo mercado, ou seja, pela oferta e demanda de moeda estrangeira. Não há uma intervenção direta do governo ou banco central para estabilizar a moeda.
- **Vantagens:**
  - o Flexibilidade para ajustar a política monetária de acordo com as necessidades da economia interna.
  - o Ajusta-se automaticamente a choques externos, permitindo que a taxa de câmbio compense desequilíbrios comerciais.
- **Desvantagens:**
  - o Pode ser instável, com oscilações grandes e imprevisíveis, o que pode prejudicar o comércio e o investimento.
  - o Países com pouca credibilidade econômica podem sofrer ataques especulativos.
- **Exemplo:** Brasil adota o regime de câmbio flutuante.

3. Câmbio Atrelado (ou Crawling Peg)

- **Descrição:** Um regime intermediário entre o câmbio fixo e o flutuante. A moeda é fixada a outra moeda, mas com ajustes periódicos e programados, permitindo que a taxa de câmbio siga uma trajetória de depreciação ou apreciação ao longo do tempo.
- **Vantagens:**
  - o Dá previsibilidade à taxa de câmbio, mas com algum grau de flexibilidade.
  - o Ajuda a combater a inflação em países que sofrem com desvalorização crônica de suas moedas.
- **Desvantagens:**
  - o Pode ser complicado manter o equilíbrio entre a taxa de câmbio e a política monetária.
  - o Requer intervenções frequentes do banco central, o que pode esgotar reservas cambiais.
- **Exemplo:** A Argentina utilizou um regime de câmbio atrelado durante os anos 1990.

4. Bandas Cambiais (ou Câmbio Flutuante Sujo)

- **Descrição:** Nesse regime, a taxa de câmbio flutua dentro de uma banda determinada pelo governo ou banco central. Se a moeda atingir os limites da banda, o governo intervém para mantê-la dentro desse intervalo.

- Vantagens:
  - Combina a flexibilidade do câmbio flutuante com a previsibilidade de um câmbio mais controlado.
  - Ajuda a evitar flutuações extremas.
- Desvantagens:
  - Exige uma gestão cuidadosa das reservas internacionais e da política monetária.
  - Pode falhar se o mercado perder confiança no compromisso do governo com as bandas.
- Exemplo: Israel adotou bandas cambiais antes de mudar para o câmbio flutuante.

5. União Monetária

- Descrição: Países optam por usar uma moeda comum, renunciando ao controle individual sobre suas taxas de câmbio e política monetária. Isso acontece em blocos econômicos como a zona do euro, onde várias nações adotam uma única moeda (o euro).
- Vantagens:
  - Elimina os riscos cambiais entre os países membros.
  - Facilita o comércio e o investimento entre os países da união.
- Desvantagens:
  - Países perdem a soberania sobre suas políticas monetárias e não podem ajustar a taxa de câmbio para lidar com crises econômicas específicas.
- Exemplo: Países da União Europeia que utilizam o euro.

6. Dolarização

- Descrição: Um país adota oficialmente uma moeda estrangeira (geralmente o dólar dos EUA) como sua moeda corrente, abandonando a moeda local.
- Vantagens:
  - Estabilidade cambial e redução da inflação, já que o país adota a política monetária de uma economia mais estável.
  - Reduz o risco de crises cambiais.
- Desvantagens:
  - O país perde completamente o controle sobre sua política monetária.
  - Pode ser difícil ajustar a economia a choques externos.
- Exemplo: Equador e El Salvador utilizam o dólar americano.

Cada regime cambial tem suas vantagens e desvantagens, e a escolha do regime depende das características econômicas de cada país e dos objetivos de suas políticas econômicas.

As variações nas taxas de câmbio afetam o comércio internacional e os fluxos de capital. Uma desvalorização da moeda torna as exportações de um país mais baratas para os estrangeiros e as importações mais caras, enquanto uma valorização tem o efeito oposto.

4. Política Comercial

A política comercial refere-se às medidas que os governos adotam para influenciar o comércio com outros países. Algumas dessas políticas incluem:

- **Tarifas:** Impostos sobre importações que encarecem os bens estrangeiros e protegem as indústrias domésticas.
- **Quotas:** Limites quantitativos sobre a importação de certos produtos.
- **Acordos Comerciais:** Pactos entre países para reduzir barreiras comerciais e facilitar o fluxo de bens e serviços. Exemplos incluem a Organização Mundial do Comércio (OMC) e blocos econômicos regionais, como a União Europeia (UE) e o Mercosul.

5. Globalização

A globalização refere-se ao aumento da interconexão econômica entre os países, impulsionada pelo comércio, investimento, tecnologia e fluxos de pessoas. A globalização tem promovido o crescimento econômico, especialmente em economias emergentes, mas também levantou preocupações sobre desigualdade, perda de empregos em indústrias menos competitivas e impactos ambientais.

Vantagens da Globalização:

- Aumento da eficiência produtiva.
- Expansão dos mercados para empresas.
- Maior acesso a tecnologias e inovações.

Desvantagens da Globalização:

- Desigualdade de renda dentro e entre países.
- Desindustrialização de certas economias desenvolvidas.
- Aumento da vulnerabilidade a crises econômicas globais.

6. Investimento Estrangeiro

O investimento estrangeiro pode ser direto (IDE), quando uma empresa ou investidor possui e controla uma empresa ou ativos em outro país, ou indireto, quando se trata da compra de títulos ou ações no mercado financeiro de outro país. O IDE é um motor chave de desenvolvimento econômico, pois traz capital, tecnologia e conhecimento gerencial.

7. Instituições Financeiras Internacionais

Existem diversas instituições internacionais que desempenham um papel crucial na regulação e promoção da economia internacional:

- **Fundo Monetário Internacional (FMI)**: Oferece assistência financeira a países com dificuldades em suas balanças de pagamentos, além de monitorar políticas econômicas globais.
- **Banco Mundial**: Focado em reduzir a pobreza e financiar projetos de desenvolvimento em países em desenvolvimento.
- **Organização Mundial do Comércio (OMC)**: Regula o comércio internacional e resolve disputas entre países.

8. Crescimento Econômico e Desenvolvimento

A economia internacional também examina como o comércio e o investimento afetam o crescimento econômico e o desenvolvimento. Países mais abertos ao comércio tendem a crescer mais rapidamente devido ao aumento da competitividade e acesso a mercados maiores. No entanto, a liberalização comercial pode afetar negativamente setores menos competitivos ou países com infraestrutura fraca.

9. Crises Econômicas Globais

A economia internacional também investiga crises financeiras globais, como a crise de 2008, que expôs as interconexões profundas entre as economias. Choques em um país podem se espalhar rapidamente para outros através de fluxos de capital, comércio e confiança do mercado.

10. Desafios Atuais na Economia Internacional

- **Desigualdade Global**: A globalização tem ampliado a distância entre países ricos e pobres e dentro dos próprios países, o que representa um desafio para a economia global.
- **Mudanças Climáticas**: A economia internacional também precisa enfrentar o desafio de alinhar o crescimento econômico com a sustentabilidade ambiental. A cooperação internacional para combater as mudanças climáticas, como o Acordo de Paris, é fundamental nesse contexto.
- **Tensões Comerciais**: Nos últimos anos, tensões comerciais entre grandes economias, como EUA e China, têm gerado incertezas e afetado o fluxo de comércio e investimentos globais.

Conclusão: A economia internacional é vital para entender como os países interagem no cenário global, como os fluxos de comércio, capital e investimentos moldam as economias, e como as políticas econômicas e as mudanças nas taxas de câmbio afetam o crescimento econômico e o bem-estar das nações. É um campo dinâmico que está profundamente ligado aos eventos globais e às políticas que definem a economia mundial.

4.3.4. Economia do Setor Público: estuda como o governo intervém na economia e que instrumentos ele utiliza para financiar seus gastos.

- **Descrição:** Analisa o papel do governo na economia, incluindo tributação, gastos públicos e regulação. Estuda como as políticas públicas impactam o bem-estar social e a eficiência econômica.
- **Temas:** Teoria da tributação, análise de custo-benefício, serviços públicos, externalidades, entre outros.
- **Finanças Públicas:** estuda as fontes de financiamento e os gastos do governo.

A economia das finanças públicas é o ramo da economia que estuda o papel do governo na economia, particularmente em relação à arrecadação e alocação de recursos financeiros para promover o bem-estar econômico e social. Ela examina como o Estado obtém receitas (principalmente por meio de impostos, taxas e emissão de dívida) e como essas receitas são gastas em bens e serviços públicos, como infraestrutura, educação, saúde e defesa.

A economia das finanças públicas também analisa o impacto das políticas fiscais sobre a eficiência econômica, a distribuição de renda e a estabilidade macroeconômica. As questões centrais dessa área incluem:

- **Tributação:** Como os diferentes tipos de impostos afetam os incentivos e o comportamento dos agentes econômicos, além de sua eficiência e equidade.
- **Gastos públicos:** A alocação eficiente de recursos para o financiamento de bens e serviços públicos, e como esses gastos influenciam o crescimento econômico e o bem-estar social.
- **Dívida pública:** O impacto da dívida governamental sobre a economia, incluindo a sustentabilidade fiscal e os efeitos de longo prazo no desenvolvimento econômico.

Além disso, a economia das finanças públicas discute questões como o papel da redistribuição de renda, o federalismo fiscal (distribuição de recursos entre diferentes níveis de governo) e a provisão de bens públicos, que são de consumo coletivo e não-excludente.

4.3.5. Economia Agrícola

A economia agrícola é o ramo da economia que se concentra no estudo da produção, distribuição e consumo de bens e serviços relacionados à agricultura. Ela analisa como os recursos naturais (terra, água), insumos (sementes, fertilizantes, máquinas) e a força de trabalho são utilizados no processo de cultivo, pecuária e outras atividades rurais, com o objetivo de otimizar a eficiência produtiva e melhorar a sustentabilidade econômica e ambiental.

A economia agrícola também examina as interações entre a agricultura e os mercados, investigando fatores como preços de commodities, políticas agrícolas, comércio internacional de produtos agrícolas, e o impacto de subsídios e tarifas. Além disso, ela aborda questões de desenvolvimento rural, segurança alimentar, gestão de risco em safras, inovação tecnológica no campo e sustentabilidade ambiental.

Este campo é essencial para compreender como a agricultura pode atender às necessidades alimentares globais, gerando renda para populações rurais, ao mesmo tempo que enfrenta desafios como mudanças climáticas, degradação dos recursos naturais e a necessidade de preservação ambiental.

4.3.6. Economia do Trabalho: estuda as implicações econômicas das relações trabalhistas.

- Descrição: Foca nas interações entre empregadores e empregados, analisando o mercado de trabalho, o emprego, o desemprego, a formação de salários e as condições laborais.
- Temas: Teoria do capital humano, políticas de emprego, mobilidade no trabalho, discriminação no mercado de trabalho, entre outros.

4.3.7. Economia Ambiental
- Descrição: Estuda as interações entre a economia e o meio ambiente, analisando como as atividades econômicas impactam os recursos naturais e o meio ambiente. Propõe soluções para a gestão sustentável dos recursos.
- Temas: Externalidades ambientais, políticas de conservação, avaliação econômica de recursos naturais, desenvolvimento sustentável, entre outros.

4.3.8. Economia da Saúde
- Descrição: Analisa a eficiência e a eficácia dos sistemas de saúde, além do impacto econômico das políticas de saúde. Estuda como os recursos de saúde são alocados e distribuídos.
- Temas: Análise de custo-efetividade, políticas de saúde, acesso a cuidados de saúde, determinantes sociais da saúde, entre outros.

4.3.9. Economia Comportamental

- Descrição: Combina insights da psicologia com a teoria econômica para entender como as decisões dos indivíduos são influenciadas por fatores cognitivos e emocionais. Examina desvios do comportamento racional previsto pela teoria econômica tradicional.
- Temas: Heurísticas e viéses, tomada de decisão sob incerteza, comportamento do consumidor, entre outros.

A economia comportamental é um campo de estudo que combina insights da psicologia com a economia tradicional para entender como as pessoas tomam decisões econômicas na prática, ao invés de como deveriam tomar decisões se fossem totalmente racionais. Ao contrário da economia clássica, que parte da premissa de que os indivíduos agem sempre de forma racional e com o objetivo de maximizar sua utilidade, a economia comportamental reconhece que os seres humanos têm limitações cognitivas, são influenciados por emoções e frequentemente tomam decisões que podem parecer irracionais.

Aqui estão alguns conceitos centrais da economia comportamental:

1. Racionalidade limitada (bounded rationality): As pessoas não possuem informações perfeitas nem a capacidade cognitiva para processar todas as opções de forma ideal. Assim, em vez de tomarem a melhor decisão possível, muitas vezes optam por uma decisão "satisfatória", ou seja, uma escolha que é boa o suficiente, dadas suas limitações.
2. Heurísticas: São atalhos mentais que as pessoas usam para simplificar a tomada de decisão. Embora úteis, heurísticas podem levar a vieses (erros sistemáticos). Por exemplo, a "heurística da disponibilidade" faz com que as pessoas julguem a probabilidade de eventos com base em exemplos que vêm facilmente à mente, o que pode distorcer sua percepção de risco.
3. Vieses cognitivos: A economia comportamental identifica diversos vieses que afetam as decisões das pessoas. Alguns exemplos incluem:
   - Viés de confirmação: a tendência de procurar, interpretar e lembrar informações que confirmem nossas crenças preexistentes.
   - Viés de ancoragem: a influência desproporcional de um número inicial (a âncora) na avaliação subsequente de valores ou probabilidades.
   - Efeito de enquadramento (framing effect): a forma como uma escolha é apresentada (positivamente ou negativamente) pode influenciar a decisão, mesmo que as opções sejam essencialmente as mesmas.
4. Aversão à perda: Pessoas tendem a preferir evitar perdas em vez de adquirir ganhos de valor equivalente. Isso significa que uma perda de R$ 100, por exemplo, causa mais sofrimento do que a alegria proporcionada por um ganho de R$ 100.
5. Contabilidade mental: As pessoas tendem a categorizar e tratar o dinheiro de maneiras diferentes, dependendo da origem ou do propósito. Por exemplo, alguém pode ser mais propenso a gastar dinheiro recebido como um presente do que economias que foram acumuladas ao longo do tempo.
6. Nudging: Este conceito refere-se à ideia de que é possível influenciar o comportamento das pessoas sem restringir suas opções, apenas mudando a maneira como as escolhas são apresentadas. Pequenos

"empurrões" (nudges), como alterar a disposição de opções em um menu, podem levar a decisões mais benéficas sem forçar o indivíduo.

A economia comportamental é aplicada em diversas áreas, desde políticas públicas (para incentivar comportamentos saudáveis ou financeiramente responsáveis) até marketing e finanças, onde se busca entender melhor as motivações e decisões dos consumidores e investidores.

4.3.10. Economia dos Mercados Financeiros

- Descrição: Foca nas questões relacionadas ao sistema financeiro, incluindo mercados de capitais, instituições financeiras e investimentos. Analisa a formação de preços de ativos e o gerenciamento de riscos.
- Temas: Teoria de portfólio, mercados financeiros, análise de investimentos, gestão de risco, entre outros.

A economia dos mercados financeiros é o ramo da economia que estuda como os mercados financeiros funcionam, como os preços dos ativos são formados e como os participantes do mercado interagem. Esses mercados são essenciais para a alocação eficiente de recursos na economia, pois conectam poupadores e investidores, permitindo o financiamento de empresas, governos e outras entidades.

Aqui estão os principais elementos da economia dos mercados financeiros:

1. Definição de Mercado Financeiro

Um mercado financeiro é um local (físico ou virtual) onde se negociam ativos financeiros, como ações, títulos, moedas, commodities e derivativos. O objetivo desses mercados é facilitar a compra e venda de instrumentos financeiros, permitindo que as partes envolvidas troquem capital por esses ativos.

2. Principais Tipos de Mercados Financeiros
- Mercado de Ações: Onde se negociam ações de empresas. As ações representam uma fração da propriedade da empresa, e quem as possui participa dos lucros (na forma de dividendos) e tem direito a voto em certas decisões corporativas.
- Mercado de Títulos (Renda Fixa): Onde se negociam títulos de dívida, como títulos do governo e debêntures de empresas. Esses títulos pagam juros em intervalos regulares e, em geral, devolvem o valor principal no vencimento.
- Mercado Cambial (Forex): Onde se compram e vendem moedas estrangeiras. O mercado de câmbio é vital para o comércio internacional e as finanças globais.

- **Mercado de Derivativos:** Onde se negociam contratos cujo valor deriva de ativos subjacentes, como commodities, moedas, taxas de juros ou ações. Esses contratos incluem futuros, opções e swaps, e são usados tanto para especulação quanto para proteção (hedge) contra riscos.
- **Mercado de Commodities:** Onde se negociam produtos básicos, como petróleo, ouro, café e trigo.

3. Funções dos Mercados Financeiros

- **Alocação de Recursos:** Os mercados financeiros ajudam a canalizar os recursos dos poupadores (indivíduos ou instituições) para aqueles que precisam de capital para investir em empresas, infraestrutura ou outros projetos.
- **Formação de Preços:** Através da oferta e da demanda, os mercados financeiros determinam os preços dos ativos financeiros. Esses preços refletem a percepção de risco e retorno dos investidores.
- **Fornecimento de Liquidez:** Os mercados financeiros permitem que os investidores comprem e vendam ativos rapidamente, fornecendo liquidez ao sistema financeiro. Isso é crucial para que as pessoas possam realizar suas transações sem grandes variações nos preços.
- **Gerenciamento de Riscos:** Os mercados financeiros permitem que os investidores usem derivativos e outros instrumentos para proteger (hedgear) suas posições contra riscos, como flutuações nos preços de ativos ou taxas de câmbio.

4. Participantes do Mercado

Os principais participantes dos mercados financeiros incluem:

- **Investidores Institucionais:** Bancos, fundos de pensão, fundos de hedge, seguradoras e outras grandes instituições financeiras que investem grandes volumes de capital.
- **Investidores Individuais:** Pessoas físicas que investem seu dinheiro em ações, títulos, fundos mútuos e outros ativos financeiros.
- **Intermediários Financeiros:** Instituições como bancos de investimento, corretoras e market makers, que facilitam as transações no mercado financeiro e ajudam a fornecer liquidez.
- **Empresas e Governos:** Que emitem ações e títulos para financiar suas atividades e projetos.
- **Autoridades Reguladoras:** Como a Comissão de Valores Mobiliários (CVM) no Brasil, a Securities and Exchange Commission (SEC) nos EUA, que supervisionam os mercados para garantir que funcionem de maneira justa e eficiente.

5. Fatores Que Afetam os Mercados Financeiros

- **Taxas de Juros:** A política monetária dos bancos centrais, que influencia as taxas de juros, tem grande impacto nos mercados financeiros. Altas taxas de juros tendem a desestimular o investimento em ações, pois os títulos de renda fixa se tornam mais atraentes. Já taxas de juros baixas encorajam o investimento em ativos de maior risco, como ações.

- Risco e Retorno: O comportamento dos investidores é moldado pela relação entre risco e retorno. Investimentos de maior risco geralmente oferecem maior potencial de retorno, mas com maior volatilidade. Investidores avaliam o risco de diferentes ativos antes de tomar suas decisões.
- Expectativas e Psicologia do Mercado: Os preços dos ativos muitas vezes são influenciados pelas expectativas dos investidores sobre o futuro. O comportamento coletivo pode levar à formação de bolhas especulativas, quando os preços dos ativos são impulsionados além do que os fundamentos econômicos justificam, ou crises financeiras, quando ocorre uma queda abrupta nos preços.

6. Eficiência dos Mercados

De acordo com a hipótese dos mercados eficientes, os preços dos ativos financeiros refletem todas as informações disponíveis de forma precisa e rápida. Em mercados eficientes, seria impossível para um investidor superar consistentemente o mercado sem assumir riscos adicionais. No entanto, anomalias, como o efeito janeiro ou o efeito de momentum, sugerem que os mercados nem sempre são perfeitamente eficientes.

7. Globalização dos Mercados Financeiros

Os mercados financeiros estão cada vez mais interconectados globalmente. Crises financeiras em uma parte do mundo podem rapidamente se espalhar para outras regiões, como observado na crise financeira de 2008. Além disso, inovações tecnológicas, como plataformas de negociação eletrônica e fintechs, têm transformado a forma como os mercados funcionam e como os investidores interagem com eles.

8. Regulação dos Mercados

Os mercados financeiros são amplamente regulados para garantir transparência, equidade e para proteger investidores contra fraudes. A regulação também busca prevenir crises financeiras, garantindo que as instituições financeiras mantenham reservas adequadas e adotem práticas prudenciais de gestão de riscos.

Conclusão: A economia dos mercados financeiros é fundamental para o funcionamento saudável da economia global. Ela permite que capital flua eficientemente, ajuda na formação de preços de ativos, oferece mecanismos de proteção contra riscos e promove o crescimento econômico. Contudo, também é um sistema complexo e vulnerável a choques e comportamentos irracionais, o que torna o seu estudo essencial para a formulação de políticas econômicas e financeiras. Esses ramos da ciência econômica interagem entre si e oferecem uma compreensão abrangente das complexas dinâmicas que influenciam a economia global e local. Cada ramo possui suas metodologias, teorias e áreas de aplicação, refletindo a diversidade e a profundidade do estudo econômico.

5. Sistema Econômico

A análise dos sistemas econômicos desenvolvidos pela humanidade revela uma diversidade de estruturas, princípios e práticas que refletem as necessidades, valores e contextos históricos de diferentes sociedades. Os sistemas econômicos podem ser classificados em várias categorias, cada uma com suas características particulares, bem como pontos em comum e divergências. A seguir, apresento uma análise abrangente dos principais sistemas econômicos:

Sistema econômico é o conjunto da riqueza material e intelectual de uma nação. O sistema econômico pode ser dividido em:

5.1. Infraestrutura: Base material ou econômica de uma sociedade ou de uma organização.

5.2. Superestrutura: O complexo das ideologias culturais, religiosas, sociológicas, filosóficas, jurídicas e políticas de determinada classe social, dominante numa sociedade.

Portanto, um sistema econômico compreende a base material e o complexo de ideologias presente na sociedade. Quanto mais essas características forem diferentes, mais uma determinada nação se diferenciará no concerto das nações. Isto é, não existe homogeneidade nos sistemas econômicos nas diferentes nações, principalmente porque seus sistemas culturais tendem a ser diferentes.

Um sistema econômico é um conjunto de instituições, normas, e práticas que organizam a produção, distribuição e consumo de bens e serviços em uma sociedade. Ele determina como os recursos são alocados, como as decisões econômicas são tomadas e como as interações entre os diversos agentes econômicos (indivíduos, empresas e governo) ocorrem. A forma como um sistema econômico é estruturado influencia diretamente a eficiência econômica, a distribuição de renda e o bem-estar social.

5.3. Componentes de um Sistema Econômico

1. Recursos: Os recursos disponíveis, que incluem terras, trabalho, capital e tecnologia. A forma como esses recursos são utilizados é fundamental para a operação do sistema econômico.
2. Agentes Econômicos: Inclui consumidores, empresas, governo e instituições financeiras, que interagem dentro do sistema para tomar decisões sobre a produção, distribuição e consumo.

3. **Mecanismos de Coordenação:** Refere-se aos métodos pelos quais as decisões econômicas são tomadas e implementadas. Isso pode incluir:
   - Preços: Em economias de mercado, os preços desempenham um papel central na coordenação das decisões econômicas.
   - Planejamento Central: Em economias planificadas, o governo toma as decisões de produção e distribuição.
4. **Propriedade dos Recursos:** A forma como os recursos são possuídos e controlados (por indivíduos, empresas ou pelo governo) afeta a dinâmica econômica. Isso pode variar entre propriedade privada, pública ou cooperativa.
5. **Políticas Econômicas:** As regras e regulamentos estabelecidos por governos e instituições que influenciam a atividade econômica, incluindo políticas fiscais, monetárias, comerciais e regulatórias.
6. **Cultura e Normas Sociais:** Aspectos culturais e sociais que influenciam as preferências de consumo, comportamentos econômicos e a forma como os agentes econômicos interagem.

5.4. Tipos de Sistemas Econômicos

Os sistemas econômicos podem ser classificados em várias categorias, dependendo da forma como são organizados e das características de suas operações:

5.4.1. Sistemas Econômicos Tradicionais

Economias Tradicionais: Baseiam-se em práticas culturais e tradições, onde a produção e o consumo são orientados por costumes e hábitos históricos, muitas vezes com pouca modernização.

Características:

- **Base Agrária:** Economias baseadas em agricultura e subsistência, onde as comunidades produzem o que consomem.
- **Práticas e Tradições:** As decisões econômicas são guiadas por costumes, tradições e práticas herdadas ao longo do tempo.
- **Trocas Diretas:** O comércio frequentemente ocorre por meio de trocas diretas (escambo), sem a utilização de moeda formal.

Exemplos:

- Comunidades indígenas que praticam agricultura de subsistência.
- Sociedades agrícolas tradicionais.

Pontos em Comum:
- A produção é geralmente destinada ao consumo local.
- Forte ligação entre cultura, tradição e práticas econômicas.

Pontos Divergentes:

- Variedade de práticas agrícolas e modos de vida dependendo da região geográfica e das condições climáticas.

> **5.4.2. Economia de Mercado**: Baseia-se na livre interação entre oferta e demanda, onde os preços são determinados pelo mercado. As decisões de produção e consumo são descentralizadas, e a propriedade dos recursos é predominantemente privada.

Características:

- Propriedade Privada: Os meios de produção são predominantemente de propriedade privada.
- Mecanismo de Preços: Os preços são determinados pela oferta e demanda, permitindo que os mercados se ajustem às mudanças nas condições econômicas.
- Concorrência: A competição entre empresas leva à inovação e eficiência.

Exemplos:

- Economias capitalistas, como os Estados Unidos e a maioria dos países da Europa Ocidental.

Pontos em Comum:

- Incentivo à eficiência e à inovação.
- O papel do consumidor é central, com as preferências dos consumidores influenciando a produção.

Pontos Divergentes:

- A intensidade da intervenção do governo pode variar, com economias de mercado puras e economias de mercado mistas.

> **5.4.3. Economia Planificada (ou Comando)**: O governo ou uma autoridade central toma todas as decisões econômicas, incluindo a alocação de recursos e a determinação de preços. A propriedade é geralmente pública.

Características:

- Propriedade Estatal: Os meios de produção são de propriedade do estado, e o governo controla a produção e a distribuição de bens e serviços.

- **Planificação Central:** O governo estabelece metas e planos para a produção, preços e distribuição, visando alcançar objetivos econômicos e sociais.
- **Eliminação da Concorrência:** A concorrência é muitas vezes limitada ou inexistente, com o estado assumindo a responsabilidade por todas as decisões econômicas.

Exemplos:

- Antiga União Soviética, China (até reformas econômicas nas últimas décadas), Coreia do Norte.

Pontos em Comum:

- O objetivo é geralmente o bem-estar social, buscando igualdade e acessibilidade.

Pontos Divergentes:

- O grau de controle do governo sobre a economia pode variar; alguns países podem ter características híbridas com elementos de mercado.

5.4.4. Economia Mista: Combina elementos de economias de mercado e planificadas. O setor privado opera livremente em muitos aspectos, mas o governo intervém em áreas específicas para regular a economia e fornecer bens públicos.

Características:

- **Combinação de Propriedade:** Combina a propriedade privada com a propriedade estatal. O setor privado opera em concorrência, enquanto o governo mantém um papel regulador e interventor em áreas consideradas estratégicas.
- **Regulação Governamental:** O governo intervém na economia para corrigir falhas de mercado, promover a justiça social e garantir serviços públicos essenciais.
- **Políticas Econômicas Ativas:** O governo pode empregar políticas fiscais e monetárias para influenciar a economia.

Exemplos:

- Países nórdicos (como Suécia, Noruega e Dinamarca), muitos países da Europa Ocidental e o Brasil.

Pontos em Comum:

- A busca pelo equilíbrio entre eficiência econômica e justiça social.
- A presença de um sistema de bem-estar social que visa atender às necessidades da população.

Pontos Divergentes:

- As políticas de intervenção e a extensão da propriedade estatal podem variar significativamente entre os países.

5.4.5. Economia Social de Mercado

Características:

- Base em Princípios de Mercado: Combina os princípios do mercado livre com uma forte ênfase em políticas sociais e bem-estar.
- Regulação e Intervenção: O governo regula a economia para garantir a concorrência e proteger os consumidores e trabalhadores, promovendo ao mesmo tempo a igualdade de oportunidades.
- Responsabilidade Social: Busca a inclusão social e a redução das desigualdades por meio de políticas sociais e redistributivas.

Exemplos:

- Alemanha e outros países da Europa Ocidental.

Pontos em Comum:

- Uma abordagem equilibrada que visa promover tanto a eficiência econômica quanto a equidade social.

Pontos Divergentes:

- A implementação de políticas sociais e o nível de intervenção do governo podem variar de um país para outro.

5.4.6. Economia Digital

Características:

- Tecnologia e Inovação: A economia digital é caracterizada pela transformação digital de setores econômicos, com o uso de tecnologia da informação e comunicação para facilitar transações, produção e distribuição.
- Plataformas e Compartilhamento: O surgimento de plataformas digitais permite o acesso a bens e serviços por meio de modelos de compartilhamento e economia colaborativa (ex: Uber, Airbnb).

- **Novos Modelos de Negócio:** As empresas digitais podem operar com estruturas de custo diferentes, muitas vezes utilizando dados para personalização e eficiência.

Exemplos:

- **Setores de tecnologia, comércio eletrônico e serviços baseados em aplicativos.**

Pontos em Comum:

- **O uso de tecnologia como motor central da economia.**
- **A possibilidade de novos modelos de negócios que desafiam as normas tradicionais.**

Pontos Divergentes:

- **A regulamentação e as questões éticas relacionadas à privacidade e à segurança dos dados são preocupações específicas que diferem de outros sistemas econômicos.**

5.5. Importância de um Sistema Econômico

Um sistema econômico eficiente é crucial para:

- **Alocação de Recursos:** Garante que os recursos limitados sejam utilizados da melhor forma possível para atender às necessidades e desejos da sociedade.
- **Crescimento Econômico:** Fomenta o desenvolvimento econômico e a inovação.
- **Distribuição de Riquezas:** Contribui para uma distribuição equitativa de renda e riqueza, afetando o bem-estar social.
- **Estabilidade:** Promove a estabilidade econômica, ajudando a evitar crises e recessões.

Conclusão: Um sistema econômico é fundamental para o funcionamento de uma sociedade, moldando a forma como as pessoas vivem, trabalham e se relacionam umas com as outras. Ele é influenciado por diversos fatores, incluindo políticas, cultura e instituições, e desempenha um papel crucial na determinação do desenvolvimento econômico e social de um país. A análise dos sistemas econômicos revela tanto semelhanças quanto diferenças significativas:

- **Pontos em Comum:** Todos os sistemas econômicos buscam alocar recursos escassos para atender às necessidades humanas, embora os métodos e estruturas variem amplamente. A busca por eficiência, inovação e equilíbrio social é uma preocupação comum, embora cada sistema tenha sua própria maneira de abordar esses desafios.

- **Pontos Divergentes:** As diferenças se manifestam nas abordagens em relação à propriedade dos meios de produção, ao papel do governo, à estrutura de mercado e às prioridades sociais. Enquanto alguns sistemas priorizam a eficiência econômica, outros colocam ênfase na igualdade social e na proteção dos direitos dos cidadãos.

Essa diversidade de sistemas econômicos ao longo da história reflete a adaptação das sociedades às mudanças em suas necessidades, valores e contextos históricos. À medida que o mundo continua a evoluir, novos modelos econômicos e híbridos podem emergir, respondendo aos desafios contemporâneos, como a globalização, a sustentabilidade e a inovação tecnológica.

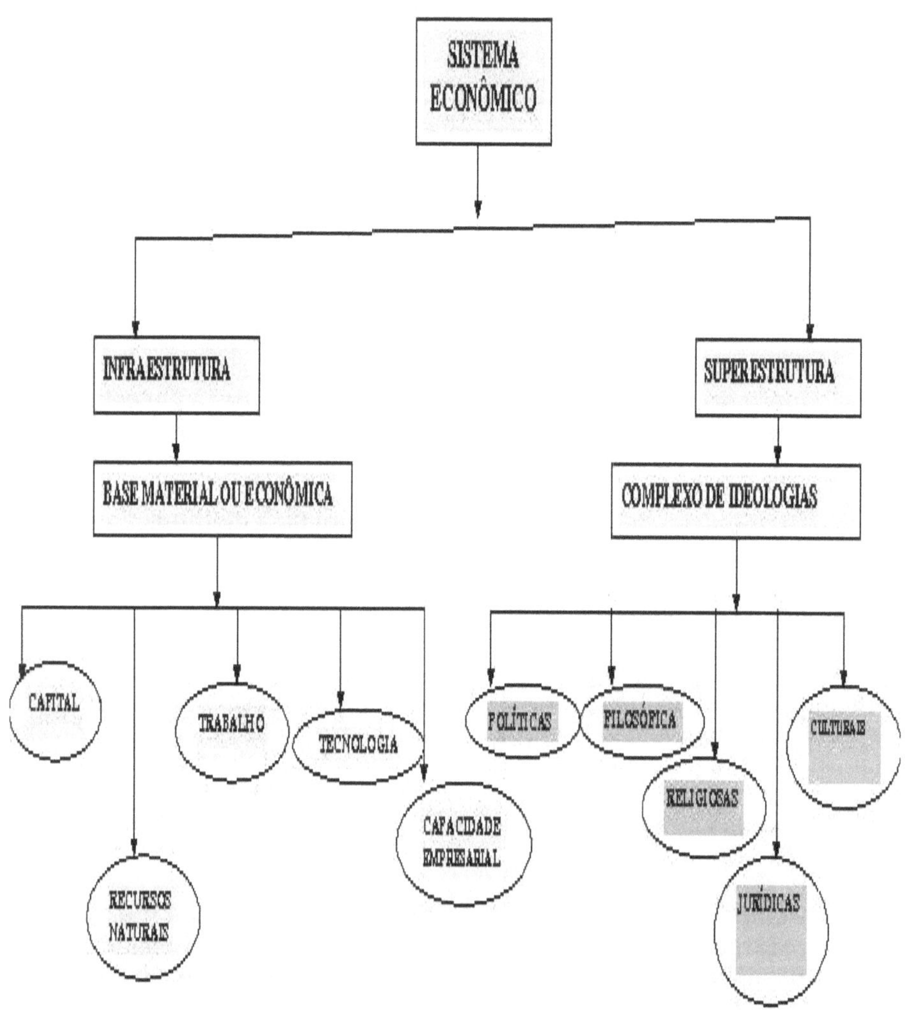

5.6. Sistema Econômico Atual

A análise do sistema econômico atual no mundo revela uma complexidade que reflete a interconexão global, as dinâmicas de mercado e as interações entre países. O sistema econômico contemporâneo é caracterizado por uma variedade de sistemas mistos, influenciados por fatores políticos, sociais, tecnológicos e ambientais. A seguir, apresento uma análise abrangente do sistema econômico atual, suas principais características e as perspectivas para o futuro.

5.6.1. Características Principais do Sistema Econômico Atual

a. Globalização
- Interconexão Econômica: O sistema econômico global é caracterizado por uma crescente interdependência entre países. A globalização facilitou o comércio internacional, a mobilidade de capital e a transferência de tecnologia.
- Cadeias de Valor Globais: As empresas operam em cadeias de valor globais, onde diferentes partes do processo de produção ocorrem em diferentes países, buscando eficiência e redução de custos.
- Fluxos de Investimentos: O investimento estrangeiro direto (IED) é uma característica marcante, com empresas investindo em mercados emergentes em busca de novas oportunidades.

b. Economia Digital
- Tecnologia e Inovação: A revolução digital transformou o modo como os negócios são conduzidos, com a internet, a inteligência artificial e as tecnologias emergentes moldando o comércio e os serviços.
- Economia de Plataforma: Surgimento de plataformas digitais que conectam consumidores e fornecedores, mudando a forma como produtos e serviços são oferecidos e consumidos (ex: Uber, Airbnb, Amazon).
- Cibersegurança e Privacidade: A digitalização levanta preocupações sobre a segurança dos dados e a privacidade dos consumidores, exigindo regulamentações mais rigorosas.

c. Economia Mista
- Propriedade Privada e Estatal: O sistema econômico contemporâneo é predominantemente uma economia mista, onde coexistem propriedades privadas e estatais. Os governos desempenham um papel ativo na regulação da economia e na provisão de serviços públicos.
- Regulação: Há uma crescente ênfase na regulação econômica para garantir a concorrência justa, proteger os direitos dos consumidores e abordar questões ambientais.
- Políticas de Bem-Estar Social: Muitos países implementam políticas de bem-estar social para lidar com desigualdades e garantir um mínimo de qualidade de vida para seus cidadãos.

d. Sustentabilidade e Responsabilidade Social

- **Consciência Ambiental:** A crescente conscientização sobre as questões ambientais está moldando o comportamento de consumidores e empresas, levando a um aumento na demanda por produtos e práticas sustentáveis.
- **Responsabilidade Corporativa:** As empresas são cada vez mais pressionadas a adotar práticas de responsabilidade social corporativa (RSC) e a serem transparentes em relação ao seu impacto social e ambiental.
- **Economia Circular:** O conceito de economia circular, que busca reduzir o desperdício e promover a reutilização e reciclagem de recursos, está ganhando força.

e. Desigualdade Econômica
- **Desigualdade Global:** Apesar do crescimento econômico em muitas regiões, a desigualdade de renda e riqueza persiste tanto entre países quanto dentro deles, criando tensões sociais e políticas.
- **Desigualdade de Gênero e Acesso:** Questões de desigualdade de gênero e acesso a oportunidades continuam a ser desafios significativos em muitos contextos.

5.6.2. Perspectivas para o Futuro

a. Continuação da Globalização, mas com Desafios
- **Tensões Geopolíticas:** A crescente rivalidade entre potências econômicas, como os EUA e a China, pode levar a uma reavaliação das cadeias de suprimentos e à desglobalização parcial em alguns setores.
- **Protecionismo:** O aumento do protecionismo em algumas economias pode afetar o comércio global, levando a uma fragmentação econômica e a uma desaceleração do crescimento.

b. Inovação Tecnológica e Transformação do Trabalho
- **Automação e IA:** O avanço da automação e da inteligência artificial pode transformar o mercado de trabalho, com a eliminação de alguns empregos e a criação de outros, exigindo que os trabalhadores adquiram novas habilidades.
- **Trabalho Remoto e Flexível:** A pandemia de COVID-19 acelerou a adoção de modelos de trabalho remoto, o que pode impactar permanentemente a estrutura do mercado de trabalho.

c. Sustentabilidade e Economia Verde
- **Acordos Climáticos:** A pressão global para abordar as mudanças climáticas levará a um aumento nas políticas e investimentos em energia renovável e tecnologias sustentáveis.
- **Transformação Setorial:** Setores como transporte, energia e agricultura estão passando por transformações significativas para se tornarem mais sustentáveis, criando oportunidades econômicas.

d. Inovação nas Políticas Econômicas
- **Políticas de Inclusão:** A necessidade de abordar a desigualdade pode levar a políticas econômicas mais inclusivas, focando em educação, saúde e capacitação.

- Renda Básica Universal: Algumas nações estão considerando a implementação de programas de renda básica universal como resposta à automação e à desigualdade.

5.6.3. Desafios Futuros

a. Desigualdade Persistente
- A luta contra a desigualdade de renda e riqueza continua a ser um desafio significativo, com a necessidade de políticas que promovam a equidade e a inclusão.

b. Mudanças Climáticas
- A adaptação às mudanças climáticas e a mitigação de seus impactos representam desafios econômicos e sociais, exigindo um esforço conjunto entre governos, empresas e cidadãos.

c. Regulação do Espaço Digital
- A regulamentação das plataformas digitais e a proteção da privacidade e segurança dos dados são questões emergentes que demandarão atenção constante.

Conclusão: O sistema econômico atual é um reflexo da complexidade e diversidade das sociedades contemporâneas. Com características como a globalização, a digitalização, a sustentabilidade e uma economia mista, o cenário econômico está em constante evolução. As perspectivas para o futuro incluem desafios significativos, como a desigualdade e as mudanças climáticas, que exigem uma abordagem colaborativa e inovadora. À medida que o mundo enfrenta essas questões, as escolhas feitas por governos, empresas e cidadãos moldarão o futuro da economia global, com um impacto profundo sobre o bem-estar e a qualidade de vida de todos.

6. Fatores de Produção

Os fatores de produção são utilizados por uma determinada sociedade para produzir bens e serviços visando a melhoria, no tempo, das condições socioeconômicas dessa sociedade. Quanto mais dinâmica e competitiva for essa sociedade, mais eficiente e eficaz será o uso desses fatores de produção na consecução de seus objetivos.

Os fatores de produção são os recursos essenciais utilizados na produção de bens e serviços. Eles são fundamentais para o funcionamento da economia e podem ser classificados em quatro categorias principais:

Fatores de produção são o conjunto de recursos disponíveis no sistema econômico e que podem ser mobilizados para a produção de bens e serviços. Os fatores de produção de uma economia constituem a sua infraestrutura, ou seja, sua base material e econômica. Os principais fatores de produção são:

6.1. Recursos Naturais: conjunto de recursos naturais (recursos marítimos, recursos minerais, área agriculturável, recursos hídricos de uma economia, recursos florestais, potencial energético natural (rios, marés, sol, vento)).

- Descrição: Refere-se a todos os recursos naturais disponíveis para a produção. Isso inclui não apenas a terra em si, mas também recursos como minerais, água, florestas, e terrenos aráveis.
- Exemplos: Solo para agricultura, petróleo, carvão, recursos hídricos, e áreas florestais.

6.2. Capital: Pode ser subdividido em:

- Descrição: Refere-se aos bens produzidos que são utilizados para produzir outros bens e serviços. O capital pode ser dividido em capital físico (maquinário, edifícios) e capital financeiro (recursos monetários).
- Exemplos: Máquinas, ferramentas, edifícios, veículos e tecnologia.

6.2.1. Capital Fixo ou Físico: estoque de máquinas, equipamentos e construções acumulado no tempo;

6.2.2. Capital Humano: estoque de conhecimentos e habilidades dos indivíduos acumulados no tempo. Podemos definir diversos indicadores de capital humano e fazer comparações entre países:

- número de engenheiros;
- número de cientistas;
- número de profissionais com mestrado e/ou doutorado;
- percentagem da população com curso superior;
- número médio de anos de escolaridade da população.

6.2.3. Capital Financeiro: estoque de recursos monetários da economia medido em moeda forte (dólar, euro) ou como proporção do PIB – Produto Interno Bruto. No entanto, estritamente falando, apenas capital fixo e capital humano podem ser considerados fatores de produção, sendo o capital financeiro uma espécie de instrumento que facilita as transações econômicas (ver nosso livro "Introdução à Economia Monetária").

6.3. Trabalho: força de trabalho apta para trabalhar (inclui os empregados e os desempregados aptos para trabalhar).

- **Descrição:** Envolve o esforço humano na produção de bens e serviços. O trabalho pode ser físico ou intelectual e inclui as habilidades, conhecimento e experiência dos trabalhadores.
- **Exemplos:** Trabalhadores em fábricas, médicos, engenheiros, professores, e profissionais de serviços.

6.4. **Tecnologia:** estoque de conhecimentos e habilidades acumulados no tempo pela sociedade empresarial (capital humano + capital fixo + patentes não utilizadas) e pelos centros de pesquisa. Como se vê, tecnologia e capital humano têm a mesma raiz: o acúmulo de conhecimentos no tempo.

6.5. **Capacidade Empresarial** (Empreendedorismo): dinamismo da elite empresarial do país (capacidade de inovar, capacidade de assumir riscos empresariais, capacidade de empreender, capacidade de formar mão-de-obra altamente qualificada, capacidade de competir interna e externamente);

- **Descrição:** Refere-se à capacidade e disposição de indivíduos para organizar os outros fatores de produção e assumir riscos na criação de novos negócios. Os empreendedores são responsáveis pela inovação e pela criação de novos produtos e serviços.
- **Exemplos:** Fundadores de startups, empresários que introduzem novos produtos no mercado, e líderes de projetos inovadores.

6.6. Inter-relação entre os Fatores de Produção

- **Complementaridade:** Esses fatores não atuam isoladamente; eles são interdependentes. Por exemplo, a terra e o trabalho são necessários para a agricultura, enquanto o capital pode ser necessário para aumentar a produtividade do trabalho.
- **Aumento de Eficiência:** A combinação eficaz dos fatores de produção pode levar a uma maior eficiência e produtividade, resultando em maior produção e, consequentemente, em um crescimento econômico mais robusto.

Conclusão: Os fatores de produção são fundamentais para a atividade econômica, e a forma como são combinados e utilizados pode influenciar significativamente a eficiência e o crescimento de uma economia. A compreensão desses fatores ajuda a explicar as dinâmicas de produção e a importância de políticas que promovam a utilização eficiente e sustentável dos recursos disponíveis.

7. Bens

7.1. Definição de Bens

Bens são objetos ou serviços que satisfazem as necessidades e desejos humanos. Eles são fundamentais na economia, pois são utilizados para a produção de outras mercadorias ou serviços e podem ser classificados de diversas maneiras, dependendo de suas características e funções. A seguir, apresento uma definição completa e exaustiva de bens, considerando suas categorias, propriedades e funções na economia.

7.2. Classificação dos Bens

Os bens podem ser classificados de várias formas, conforme suas características:

a. Bens Tangíveis e Intangíveis:
- Bens Tangíveis: São aqueles que possuem uma forma física e podem ser tocados. Exemplos incluem alimentos, roupas, móveis e veículos.
- Bens Intangíveis: Não possuem uma forma física e não podem ser tocados, como serviços, patentes, marcas registradas e direitos autorais.

b. Bens de Consumo e Bens de Capital:
- Bens de Consumo: Destinam-se ao consumo imediato para satisfazer as necessidades dos consumidores. Exemplos incluem alimentos, roupas e produtos de higiene.
- Bens de Capital: São utilizados na produção de bens de consumo ou outros bens de capital. Exemplos incluem maquinário, edifícios e equipamentos industriais.

c. Bens Duráveis e Bens Não Duráveis:
- Bens Duráveis: Têm uma vida útil longa e podem ser utilizados repetidamente ao longo do tempo, como eletrodomésticos e automóveis.
- Bens Não Duráveis: São consumidos rapidamente ou têm uma vida útil curta, como alimentos e produtos de limpeza.

d. Bens Públicos e Bens Privados:
- Bens Públicos: São fornecidos pelo governo e são disponíveis para todos, independentemente de pagamento, como parques e estradas. Eles têm as características de não exclusividade e não rivalidade.
- Bens Privados: São bens cuja posse e consumo são controlados por indivíduos ou empresas, como roupas e eletrônicos. Eles têm as características de exclusividade e rivalidade.

e. Bens Substitutos e Complementares:
- Bens Substitutos: Bens que podem ser usados em lugar de outros. Por exemplo, margarina e manteiga.
- Bens Complementares: Bens que são consumidos juntos. Por exemplo, café e açúcar.

f. Bens Normais e Bens Inferiores:

- **Bens Normais:** A demanda por esses bens aumenta à medida que a renda do consumidor aumenta. Por exemplo, eletrônicos e roupas de marca.
- **Bens Inferiores:** A demanda por esses bens diminui à medida que a renda do consumidor aumenta. Exemplos incluem alimentos de menor qualidade e transporte público.

7.3. Propriedades dos Bens

Os bens possuem algumas propriedades que são essenciais para a análise econômica:

- **Utilidade:** A capacidade de um bem em satisfazer uma necessidade ou desejo humano. A utilidade pode ser medida em termos de satisfação que um consumidor obtém ao consumir um bem.
- **Escassez:** Refere-se à disponibilidade limitada de bens em relação às necessidades humanas ilimitadas. A escassez é um dos fundamentos da economia, pois obriga os indivíduos e sociedades a fazer escolhas sobre como alocar recursos limitados.
- **Valor:** O valor de um bem é determinado pelo que os consumidores estão dispostos a pagar por ele. O valor pode ser influenciado por diversos fatores, como oferta e demanda, custos de produção e preferências dos consumidores.
- **Transferibilidade:** A capacidade de um bem ser transferido de uma pessoa para outra. Isso se aplica principalmente a bens privados, onde a posse pode ser vendida ou trocada.

7.4. Funções dos Bens na Economia

Os bens desempenham várias funções na economia:

- **Satisfação das Necessidades:** Os bens são essenciais para a satisfação das necessidades básicas dos indivíduos, como alimentação, vestuário e abrigo.
- **Fomento ao Crescimento Econômico:** Bens de capital são fundamentais para a produção e crescimento econômico, pois possibilitam a produção de novos bens e serviços.
- **Criação de Emprego:** A produção e a comercialização de bens geram empregos em diversas indústrias e setores da economia.
- **Facilitação do Comércio:** Bens facilitam as trocas no mercado, permitindo que consumidores e produtores interajam e que o valor seja determinado pelas forças de oferta e demanda.

Conclusão: Em suma, os bens são elementos fundamentais da atividade econômica, desempenhando um papel crucial na satisfação das necessidades humanas, no crescimento econômico e nas dinâmicas de mercado. Sua classificação, propriedades e funções são essenciais para a compreensão do funcionamento da economia e da interação entre consumidores e produtores.

7.5. Bens Livres e Bens Econômicos

Os bens estão no centro do sistema econômico: consumidores buscam o máximo consumo possível de bens e as firmas buscam o máximo possível de produção e vendas de bens e serviços. Bens são objetos materiais e serviços imateriais utilizados para satisfazer necessidades e desejos humanos. São exemplos de objetos materiais, uma casa, um automóvel, um computador; e de serviços imateriais, serviço médico, assessoria jurídica, lazer, atividades culturais.

Há várias classificações possíveis para bens. Inicialmente, os bens podem ser livres ou econômicos.

7.5.1. Bens Livres

Os bens livres são raros e não estão sujeitos ao princípio da escassez, tais como a luz do sol, o ar e a água do mar. Os bens livres não exigem um preço para serem consumidos.

Bens livres são aqueles que a natureza fornece em abundância e que não possuem um dono ou um valor econômico direto, pois estão disponíveis para todos. Esses bens não são escassos e, por isso, não precisam ser comprados, vendidos ou regulamentados pelo mercado.
Características dos bens livres:

1. Disponibilidade ilimitada: Existem em quantidade suficiente para atender às necessidades de todos.
2. Acesso gratuito: Não é necessário pagar por eles, e todos podem utilizá-los.
3. Não rivalidade: O uso de um bem livre por uma pessoa não impede que outras pessoas também o utilizem.

Exemplos de bens livres:

1. Ar atmosférico: O ar que respiramos é o exemplo mais comum de um bem livre. Ele está disponível em grande quantidade e não é cobrado.
2. Luz solar: A luz do sol é outro exemplo. Todos podem usufruir dela sem que haja custo ou limitação de acesso.
3. Água de chuva: Em regiões onde há abundância de chuvas, a água da chuva pode ser considerada um bem livre.
4. Paisagens naturais: O simples ato de contemplar uma montanha, uma praia ou um pôr do sol são exemplos de bens livres, pois não há restrição de acesso (exceto em locais privados ou protegidos).

Vale notar que, em algumas situações, bens que eram livres podem se tornar escassos ou regulamentados, como no caso da água potável em regiões áridas ou com poluição excessiva. Nesse caso, esses bens podem passar a ter valor econômico.

7.5.2. Bens Econômicos

Os bens econômicos são os bens presentes no sistema econômico e estão sujeitos ao princípio da escassez, tais como o petróleo, a água potável e os alimentos. Os bens econômicos são escassos por definição e exigem um preço para serem consumidos.

Segundo Karl Menger ("Princípios de Economia Política", 1871), "um objeto se torna um "bem" se preencher quatro condições:

a) a existência de um desejo humano;
b) a propriedade do objeto de satisfazer esse objeto;
c) o reconhecimento social da propriedade do objeto de satisfazer o desejo;
d) a capacidade de um indivíduo de adquirir aquele objeto.

Para Menger, somando a condição de escassez às condições anteriores, o bem transforma-se em "bem econômico".

Bens econômicos são recursos ou produtos que têm valor e são limitados em quantidade, ou seja, não estão disponíveis em abundância para atender a todas as necessidades e desejos da sociedade. Eles são essenciais para a atividade econômica, pois satisfazem necessidades humanas e, como tal, estão sujeitos a regras de oferta e demanda.

Características dos Bens Econômicos

1. Escassez: A principal característica dos bens econômicos é a escassez, que se refere ao fato de que eles não estão disponíveis em quantidade suficiente para atender a todas as demandas. Isso força os indivíduos e as sociedades a tomar decisões sobre como alocar esses bens de maneira eficaz.
2. Valor: Bens econômicos têm valor econômico, que pode ser medido em termos monetários. Esse valor pode variar dependendo de fatores como utilidade, demanda, e condições de mercado.
3. Utilidade: A utilidade é a capacidade de um bem de satisfazer uma necessidade ou desejo humano. Quanto maior a utilidade de um bem, maior será sua demanda e, geralmente, seu valor.
4. Troca: Os bens econômicos são frequentemente objeto de troca no mercado, onde seu valor é definido por fatores como oferta, demanda e competição. A troca pode ocorrer em mercados físicos ou virtuais.

Classificação dos Bens Econômicos

Os bens econômicos podem ser classificados de várias maneiras, incluindo:

1. **Bens de Consumo:** São bens destinados ao consumo final pelos indivíduos. Podem ser subdivididos em bens duráveis (exemplo: eletrodomésticos) e bens não duráveis (exemplo: alimentos).
2. **Bens de Capital:** São utilizados na produção de outros bens e serviços, como maquinário, ferramentas e instalações.
3. **Bens Normais:** São aqueles cuja demanda aumenta quando a renda dos consumidores aumenta.
4. **Bens Inferiores:** São bens cuja demanda diminui à medida que a renda aumenta, pois os consumidores optam por produtos de maior qualidade.
5. **Bens Complementares:** São bens que são consumidos em conjunto, de modo que a demanda por um afeta a demanda pelo outro (exemplo: café e açúcar).
6. **Bens Substitutos:** São bens que podem ser utilizados em lugar de outros, onde um aumento na demanda por um pode levar a uma diminuição na demanda pelo outro (exemplo: manteiga e margarina).

Exemplos de Bens Econômicos

- **Alimentos:** Produtos como arroz, pão e frutas, que são essenciais para a nutrição e têm uma oferta limitada.
- **Roupas:** Vestuário que os consumidores precisam e que não está disponível em quantidade ilimitada.
- **Veículos:** Automóveis e bicicletas que os indivíduos compram para transporte.
- **Imóveis:** Terrenos e edifícios que têm valor e estão limitados em quantidade.

Conclusão: Os bens econômicos desempenham um papel central na economia, influenciando a forma como indivíduos e sociedades tomam decisões de consumo, produção e alocação de recursos. A escassez e o valor desses bens são fundamentais para entender as dinâmicas do mercado e o funcionamento da economia em geral.

7.6. Bens de Consumo e Bens de Capital

7.6.1. Bens de Consumo

Os bens econômicos podem ser bens de consumo e bens de capital, ambos os tipos podendo ser classificados em bens materiais (tangíveis) ou bens imateriais (intangíveis). Os bens de consumo podem ser classificados em bens duráveis ou bens não-duráveis.

Bens de Consumo são os bens utilizados no consumo corrente e se subdividem em bens duráveis, quando seu consumo se estende por mais de um ano, e em bens não-duráveis, quando seu consumo se realiza imediatamente (bens perecíveis) ou dentro de um período de até um ano.

Bens de consumo são produtos destinados ao uso final pelos consumidores, ao contrário de bens de produção, que são usados para fabricar outros produtos. Alguns exemplos comuns de bens de consumo incluem:

1. Alimentos e bebidas – frutas, vegetais, carnes, refrigerantes.
2. Roupas – camisetas, calças, sapatos.
3. Eletrodomésticos – geladeiras, fogões, máquinas de lavar.
4. Produtos eletrônicos – smartphones, televisores, laptops.
5. Móveis – sofás, mesas, cadeiras.
6. Produtos de higiene pessoal – sabonetes, xampus, cremes dentais.
7. Veículos – carros, motocicletas, bicicletas.

Esses bens são adquiridos pelos consumidores para uso pessoal ou familiar.

7.6.2. Bens de Capital

Bens de Capital são os bens utilizados na produção de outros bens. As máquinas, os equipamentos e as construções são bens de capital.

Bens de capital são aqueles utilizados na produção de outros bens ou serviços, sendo ferramentas, equipamentos e infraestrutura necessários para aumentar a capacidade produtiva. Alguns exemplos incluem:

1. Máquinas industriais – prensas, tornos, fresadoras.
2. Equipamentos de construção – guindastes, escavadeiras, tratores.
3. Ferramentas – brocas, chaves de fenda, furadeiras.
4. Veículos comerciais – caminhões, empilhadeiras, navios de carga.
5. Infraestrutura tecnológica – servidores, computadores empresariais, sistemas de software corporativo.
6. Instalações fabris – fábricas, armazéns, silos.
7. Móveis e equipamentos de escritório – mesas, cadeiras, impressoras.

Esses bens são essenciais para que empresas e indústrias possam produzir e entregar seus produtos ou serviços.

Bens Materiais (Tangíveis)

Bens materiais (tangíveis) são os bens que têm um corpo físico, tais como uma casa, um carro ou um aparelho de televisão.

Bens materiais são objetos tangíveis que podem ser tocados, armazenados e transportados, e que são utilizados para satisfazer necessidades ou desejos humanos. Eles têm uma existência física e podem ser classificados como bens de consumo ou bens de capital, dependendo de seu uso. Aqui estão alguns exemplos:

Exemplos de Bens Materiais:

1. **Alimentos:** Produtos como arroz, frutas, carnes e bebidas que são consumidos diretamente pelos indivíduos.
2. **Roupas:** Camisas, calças, sapatos e acessórios usados para vestir e proteger o corpo.
3. **Eletrodomésticos:** Geladeiras, fogões, máquinas de lavar e micro-ondas, utilizados em casa para facilitar as tarefas diárias.
4. **Automóveis:** Carros, motos, bicicletas e caminhões, que são utilizados para transporte.
5. **Móveis:** Sofás, mesas, cadeiras, armários e camas, utilizados para mobiliar residências e escritórios.
6. **Eletrônicos:** Computadores, smartphones, televisores e tablets, que são utilizados para comunicação, entretenimento e trabalho.
7. **Materiais de Construção:** Tijolos, cimento, madeiras e vidros, utilizados para construir edificações e infraestruturas.
8. **Brinquedos:** Bonecas, carrinhos, jogos e outros itens utilizados por crianças para entretenimento.
9. **Livros:** Obras impressas, como romances, livros didáticos e revistas, utilizadas para educação e lazer.
10. **Ferramentas:** Chaves de fenda, martelos, furadeiras e outros instrumentos utilizados em tarefas manuais ou em obras.

Esses bens são classificados como materiais porque possuem forma física, podem ser medidos, transportados e têm um ciclo de vida. Ao contrário de bens imateriais, como serviços ou ideias, os bens materiais são tangíveis e ocupam espaço.

Bens Imateriais (Intangíveis)

Bens imateriais (intangíveis) são os bens que não têm um corpo físico, constituindo-se em direitos de quem os possui, tais como patentes e processos tecnológicos.

Bens imateriais são aqueles que não possuem uma forma física ou tangível, mas têm valor econômico, podem ser consumidos ou utilizados, e são essenciais em várias esferas da vida cotidiana e nos negócios. Eles geralmente estão relacionados a serviços, direitos, ou propriedades intelectuais.

Exemplos de Bens Imateriais:

1. **Serviços:**
    - Consultorias, como as prestadas por advogados, contadores ou engenheiros.
    - Serviços médicos oferecidos por médicos e enfermeiros.
    - Serviços de ensino e educação prestados por professores e instituições de ensino.
2. **Propriedade Intelectual:**

o   Patentes: Direitos exclusivos concedidos para invenções ou inovações tecnológicas.
o   Direitos Autorais: Proteção legal para obras criativas, como livros, músicas, filmes e software.
o   Marcas Registradas: Proteção de símbolos, nomes e slogans associados a empresas ou produtos.
3. Licenças:
o   Permissões para usar determinado software ou tecnologia, como uma licença de software ou de propriedade intelectual.
o   Licenças comerciais, como as concedidas para operar uma empresa ou fornecer determinados serviços.
4. Conhecimento:
o   Informações e know-how especializado, como o conhecimento técnico ou científico.
o   Experiência acumulada em determinadas áreas profissionais, como engenharia ou administração.
5. Reputação e Goodwill:
o   A reputação de uma marca ou empresa, que pode aumentar seu valor no mercado.
o   O goodwill é o valor intangível que uma empresa possui além de seus ativos físicos, muitas vezes relacionado à sua base de clientes ou imagem.
6. Franquias:
o   O direito de operar uma empresa usando o nome e os sistemas de outra, como no caso de redes de fast-food ou lojas de varejo.
7. Software:
o   Programas de computador que, apesar de não serem tangíveis, têm grande valor e utilidade para empresas e indivíduos, como sistemas operacionais ou aplicativos.
8. Direitos de Transmissão:
o   Direitos exclusivos para transmitir eventos ao vivo, como jogos esportivos ou shows, que são comprados por canais de TV ou plataformas de streaming.
9. Contratos:
o   Acordos formais entre duas ou mais partes, que estabelecem direitos e deveres, como contratos de aluguel, trabalho ou fornecimento.

Conclusão: Os bens imateriais são fundamentais para a economia moderna, especialmente em setores que envolvem inovação, tecnologia e serviços. Embora não possuam forma física, seu valor pode ser extremamente alto e eles desempenham um papel importante no crescimento econômico e na geração de riqueza.

7.7. Bens Públicos e Bens Privados

Os bens também podem ser classificados em bens públicos e em bens privados. Os bens públicos são os bens que têm que ser fornecidos na mesma quantidade para todos os consumidores que o desejem consumir. Não pode haver qualquer tipo de discriminação de consumo. São exemplos de bens públicos as ruas, calçadas, defesa nacional, praças e praias. Os bens privados são os bens que exigem um preço para serem adquiridos, podendo haver discriminação de consumo. No sistema capitalista, os bens são, em sua maioria, privados.

7.7.1. Bens Públicos

Bens públicos são aqueles que, em geral, são fornecidos pelo governo ou por instituições públicas, pois têm características que os tornam inadequados para serem oferecidos por empresas privadas de forma eficiente. Eles possuem duas características principais: não-rivalidade, ou seja, o consumo por uma pessoa não impede o consumo por outra; e não-exclusividade, o que significa que não é possível excluir ninguém de seu uso, mesmo que não tenha contribuído para sua provisão.

Exemplos de Bens Públicos:

1. Segurança Pública:
   o Policiamento, bombeiros e defesa nacional são bens públicos que visam proteger a sociedade como um todo, independentemente de o indivíduo ter contribuído diretamente ou não.
2. Saneamento Básico:
   o Infraestrutura de esgoto e fornecimento de água tratada, pois beneficia a saúde pública e o meio ambiente, melhorando a qualidade de vida de todos os cidadãos.
3. Iluminação Pública:
   o A iluminação das ruas à noite é um bem público, pois não é possível excluir indivíduos de seu uso, e o benefício é coletivo.
4. Estradas e Infraestrutura Viária:
   o Rodovias, ruas e pontes são exemplos de bens públicos, pois podem ser utilizadas por todos e não há exclusividade de uso, embora possam existir casos de pedágios em certas áreas.
5. Parques e Praças:
   o Espaços públicos como parques, praças e áreas de lazer são bens públicos porque estão abertos a todos e o uso por um indivíduo não impede o uso por outro.
6. Ar Limpo:
   o A qualidade do ar é um bem público global, pois todos se beneficiam de um ar limpo e saudável, e é difícil excluir alguém desse benefício.
7. Justiça e Sistema Jurídico:
   o O sistema judiciário, incluindo tribunais e serviços legais, é um bem público que assegura os direitos e deveres de todos os cidadãos de maneira imparcial e acessível.
8. Defesa Nacional:

o A proteção oferecida pelas forças armadas de um país é um bem público, pois protege toda a população contra ameaças externas sem excluir ninguém.

9. Sinalização de Trânsito:
   o Semáforos, placas de trânsito e outros mecanismos de controle viário são bens públicos, pois regulam o fluxo de trânsito para o benefício de todos.

10. Faróis Marítimos:
   o Faróis que guiam navios e embarcações são um exemplo clássico de bem público, pois uma vez instalados, beneficiam todos os navegadores sem que seja possível excluir alguém de seu uso.

Conclusão: Os bens públicos são essenciais para o bem-estar coletivo, e sua provisão é, em grande parte, responsabilidade do governo, já que o mercado privado muitas vezes não tem incentivos para fornecê-los de maneira eficiente. Esses bens promovem a segurança, a justiça e a qualidade de vida em sociedade, sendo fundamentais para o funcionamento e o desenvolvimento de uma nação.

7.7.2. Bens Privados

Bens privados são aqueles que são de propriedade de indivíduos ou empresas e podem ser comprados e vendidos no mercado. Eles têm as características de rivalidade (o consumo por uma pessoa impede o consumo por outra) e exclusividade (é possível excluir aqueles que não pagam pelo bem do seu uso). Esses bens são produzidos e distribuídos pelo setor privado, e seu acesso depende da capacidade de pagamento.

Exemplos de Bens Privados:

1. Alimentos:
   o Produtos como frutas, carnes, laticínios, cereais e bebidas são bens privados, pois uma vez consumidos, não podem ser utilizados por outra pessoa.

2. Roupas:
   o Vestuário como camisas, sapatos, casacos e acessórios são bens privados, pois seu uso é exclusivo do proprietário.

3. Automóveis:
   o Carros, motos, bicicletas e caminhões são exemplos de bens privados, de uso pessoal ou familiar, e a posse é restrita a quem paga por eles.

4. Eletrônicos:
   o Smartphones, computadores, televisores e tablets são bens privados que pertencem a indivíduos ou empresas, e seu uso é restrito ao proprietário.

5. Imóveis:
   o Casas, apartamentos, terrenos e escritórios são bens privados, uma vez que pertencem a pessoas físicas ou

jurídicas e o acesso é limitado ao proprietário ou a quem paga pelo uso.

6. Eletrodomésticos:
   o Geladeiras, fogões, máquinas de lavar, micro-ondas e outros aparelhos de uso doméstico são bens privados, adquiridos por indivíduos ou famílias para uso exclusivo.
7. Livros:
   o Obras físicas ou digitais, como romances, manuais, livros didáticos ou revistas, são bens privados que precisam ser comprados para uso pessoal.
8. Veículos de Luxo:
   o Iates, jatos particulares e carros esportivos são bens privados de alto valor, adquiridos por indivíduos ou empresas para uso exclusivo.
9. Serviços Privados:
   o Serviços pagos como academias de ginástica, assinaturas de streaming (Netflix, Spotify), planos de saúde e consultorias especializadas são bens intangíveis, mas são bens privados, pois exigem pagamento para usufruto.
10. Roupas de Marca:
   o Produtos de moda de marcas de luxo, como bolsas, sapatos e joias de grife, são bens privados que são comprados por consumidores dispostos a pagar pelo status e exclusividade.

Conclusão: Os bens privados são fundamentais na economia de mercado, onde a posse e o consumo estão diretamente ligados à capacidade de pagar por esses bens. A oferta e a demanda desses bens são reguladas pelo mercado, e a exclusividade no uso é uma de suas características principais. Esses bens variam de produtos essenciais, como alimentos e vestuário, a produtos de luxo, como carros esportivos e joias, e são essenciais para a estrutura da economia capitalista.

7.8. Bens Normais, Bens Inferiores, Bens Substitutos, Bens Complementares, Bens de Giffen, Bens de Luxo e Bens de Primeira Necessidade

Na Microeconomia há outras classificações de bens, tais como bem normal (elasticidade-preço negativa e elasticidade-renda positiva), bem inferior (elasticidade-preço positiva e elasticidade-renda negativa), bem substituto (elasticidade-cruzada positiva), bem complementar (elasticidade-cruzada negativa), bem de Giffen (caso particular dos bens inferiores e elasticidade-preço positiva), bem de luxo (elasticidade-renda maior do que 1) e bens de primeira necessidade (elasticidade-renda aproximadamente igual a zero).

Bens normais são os bens que se relacionam negativamente com o preço do bem e positivamente com a renda do consumidor.

Bens normais são aqueles cuja demanda aumenta à medida que a renda dos consumidores cresce. Em outras palavras, quando as pessoas têm mais dinheiro, tendem a comprar mais desses bens. Alguns exemplos de bens normais incluem:

1. Roupas de grife – peças de vestuário de marcas famosas.
2. Eletrodomésticos premium – geladeiras de última geração, máquinas de lavar com mais funções.
3. Restaurantes finos – refeições em restaurantes caros e sofisticados.
4. Automóveis de luxo – carros de marcas como BMW, Mercedes-Benz, Audi.
5. Tecnologia avançada – smartphones de última geração, laptops com melhor desempenho.
6. Viagens internacionais – férias em destinos turísticos mais caros ou exclusivos.
7. Móveis de alta qualidade – sofás, mesas e camas de design e materiais mais nobres.

Quando as rendas caem, a demanda por esses bens pode diminuir, e as pessoas podem optar por alternativas mais baratas.

Bens inferiores são os bens que se relacionam positivamente com o preço do bem e negativamente com a renda do consumidor.

Aqui estão mais exemplos de bens inferiores, que são substituídos por opções de maior qualidade conforme a renda dos consumidores aumenta:

1. Alimentos enlatados – vegetais e sopas enlatadas, substituídos por alimentos frescos.
2. Carne processada – salsichas e embutidos, substituídos por cortes de carne de maior qualidade.
3. Calçados baratos – tênis ou sapatos de marcas menos conhecidas, substituídos por marcas de luxo ou qualidade superior.
4. Móveis simples – móveis de baixa durabilidade ou feitos de materiais mais baratos, trocados por móveis mais sofisticados.
5. Cursos online gratuitos – substituídos por cursos pagos ou presenciais em instituições renomadas com o aumento da renda.
6. Televisores básicos – televisores pequenos ou antigos, trocados por modelos maiores e mais avançados.
7. Produtos de marcas de loja – itens como cereais e leite de marcas de supermercado, substituídos por marcas mais conhecidas.

Esses bens geralmente têm preços mais acessíveis, mas são substituídos por produtos de melhor qualidade à medida que o poder aquisitivo dos consumidores cresce.

Bens inferiores são aqueles cuja demanda diminui à medida que a renda dos consumidores aumenta, ou seja, quando as pessoas têm mais dinheiro, tendem a substituí-los por bens de maior qualidade. Alguns exemplos de bens inferiores incluem:

1. Alimentos genéricos ou de marcas mais baratas – macarrão instantâneo, arroz e feijão de marcas econômicas.
2. Transporte público – ônibus e metrô (substituídos por carros ou serviços de transporte privado com aumento de renda).
3. Roupa usada – peças compradas em brechós ou lojas de segunda mão.
4. Bebidas não alcoólicas de marcas mais baratas – refrigerantes ou sucos de marcas menos conhecidas.
5. Produtos de higiene e limpeza genéricos – sabonetes, detergentes e xampus de baixo custo.
6. Moradia em áreas mais baratas – aluguel em bairros ou regiões mais acessíveis.
7. Fast food barato – refeições em cadeias de fast food mais econômicas, substituídas por opções de restaurantes melhores com o aumento da renda.

Com o aumento da renda, as pessoas tendem a substituir esses bens por alternativas de maior qualidade ou de marcas mais prestigiadas.

Bens substitutos são os bens cuja demanda aumenta quando o preço dos bens concorrentes aumenta e vice-versa.

Bens substitutos são aqueles que podem ser consumidos em lugar de outros, pois cumprem funções semelhantes ou satisfazem as mesmas necessidades. Quando o preço de um bem substituto aumenta, os consumidores tendem a optar por outro bem similar, cuja função seja equivalente.

Exemplos de Bens Substitutos:

1. Margarina e Manteiga:
    o Ambos são usados para cozinhar ou passar no pão, então quando o preço da manteiga aumenta, os consumidores podem optar pela margarina como substituto.
2. Café e Chá:
    o Café e chá são consumidos no café da manhã ou em momentos de relaxamento, e muitas pessoas podem substituir um pelo outro dependendo de suas preferências ou do preço.
3. Carne de Frango e Carne Bovina:
    o Carne de frango e carne bovina são substitutos em refeições. Quando o preço da carne bovina sobe, os consumidores podem optar pela carne de frango.
4. Transporte Público e Transporte Privado (Uber, Táxis):
    o Quando o preço das passagens de transporte público aumenta, algumas pessoas podem optar por serviços de

transporte privado, como Uber ou táxis, especialmente se o custo for competitivo.

5. **Smartphones de Diferentes Marcas (Apple e Samsung):**
   - Consumidores podem optar por um smartphone de outra marca se o preço de uma marca aumentar ou se perceberem vantagens técnicas similares no substituto.
6. **Arroz e Macarrão:**
   - Tanto o arroz quanto o macarrão são alimentos básicos e podem ser substituídos um pelo outro em muitas refeições. Se o preço do arroz aumenta, os consumidores podem optar por macarrão.
7. **Suco de Laranja e Suco de Maçã:**
   - Para quem busca uma bebida refrescante, o suco de maçã pode substituir o de laranja, e vice-versa, caso um dos preços suba ou um produto não esteja disponível.
8. **Leite de Vaca e Leite Vegetal (soja, amêndoa):**
   - Pessoas que consomem leite de vaca podem optar por leites vegetais, como os de soja ou amêndoa, como substitutos, especialmente se houver uma mudança nos preços ou nas preferências alimentares.
9. **Carro a Gasolina e Carro Elétrico:**
   - Com o aumento dos preços dos combustíveis, muitas pessoas podem considerar comprar ou utilizar carros elétricos como substitutos dos carros a gasolina.
10. **Netflix e Amazon Prime Video:**
    - Plataformas de streaming como Netflix e Amazon Prime oferecem catálogos de filmes e séries semelhantes. Se o preço da assinatura de uma aumentar, muitos consumidores podem optar pela outra.

Conclusão: Os bens substitutos desempenham um papel importante no comportamento do consumidor e no equilíbrio de mercado. A presença de bens substitutos oferece alternativas aos consumidores, aumenta a concorrência entre os produtores e pode regular os preços no mercado. Quando há um aumento no preço de um bem, a demanda pelo bem substituto tende a aumentar, evidenciando o impacto dessas relações no consumo.

Bens complementares são os bens cuja demanda aumenta quando a demanda de determinado bem complementar aumenta e vice-versa.

Aqui estão mais exemplos de bens complementares, que são consumidos juntos, aumentando a demanda de um com o consumo do outro:

1. Pão e manteiga – o consumo de pão geralmente aumenta a demanda por manteiga ou margarina.
2. Câmeras e cartões de memória – quem compra uma câmera precisa de cartões de memória para armazenar as fotos.

3. Lâminas de barbear e creme de barbear – o uso de lâminas geralmente exige o uso de creme ou gel de barbear.
4. Queijo e vinho – frequentemente consumidos juntos, especialmente em refeições ou eventos sociais.
5. DVD players e DVDs – a compra de um DVD player aumenta a demanda por filmes em DVD.
6. Escovas de dentes e creme dental – o uso de uma escova de dentes está diretamente associado ao uso de creme dental.
7. Óculos de realidade virtual (VR) e jogos VR – para utilizar um dispositivo de VR, é necessário ter jogos ou aplicativos compatíveis.

Esses bens têm uma relação interdependente, onde a venda ou o consumo de um favorece o aumento do uso do outro.

Bens complementares são aqueles que são consumidos juntos, de modo que a demanda por um aumenta a demanda pelo outro. Alguns exemplos clássicos de bens complementares incluem:

1. Café e açúcar – o aumento do consumo de café geralmente leva ao aumento do consumo de açúcar.
2. Carros e combustível – quanto mais carros são comprados, mais combustível é demandado.
3. Smartphones e aplicativos – o aumento das vendas de smartphones geralmente leva a uma maior demanda por aplicativos móveis.
4. Computadores e software – a compra de computadores leva à necessidade de softwares como sistemas operacionais e programas de escritório.
5. Impressoras e cartuchos de tinta – à medida que se compram mais impressoras, aumenta a demanda por cartuchos de tinta ou toner.
6. Tênis de corrida e meias esportivas – quem compra tênis de corrida normalmente também compra meias adequadas para a prática esportiva.
7. Consoles de videogame e jogos – quanto mais consoles são vendidos, maior é a demanda por jogos compatíveis.

Esses pares de produtos têm uma relação de dependência, e o consumo de um tende a estimular o consumo do outro.

Bens de Giffen são uma categoria rara de bens que violam a lei da demanda, pois sua demanda aumenta à medida que o preço sobe, geralmente em situações de extrema pobreza. Esses bens têm duas características principais: são bens essenciais, e os consumidores não têm opções substitutas melhores. Alguns exemplos teóricos de bens de Giffen incluem:

1. Arroz em regiões pobres – em algumas áreas, quando o preço do arroz aumenta, os consumidores podem reduzir a compra de alimentos mais caros (como carne) e consumir ainda mais arroz, mesmo com o aumento de preço, por ser uma necessidade básica.

2. Pão em tempos de crise – historicamente, em situações de extrema escassez, quando o preço do pão aumenta, as pessoas podem ser forçadas a consumir mais pão, já que não podem mais comprar alimentos mais caros.
3. Batata durante a Fome Irlandesa – o exemplo clássico (embora debatido) de um bem de Giffen, onde, devido à crise de alimentos, as pessoas compravam mais batata à medida que o preço subia, pois não podiam mais se dar ao luxo de comprar outras fontes de nutrição.

Esses bens são muito específicos a situações de mercado extremo e pobreza, onde as escolhas das pessoas são limitadas, e elas são obrigadas a consumir mais do bem essencial, mesmo com o aumento de preço.

Bens de luxo são os bens cuja demanda aumenta mais do que proporcionalmente ao aumento da renda do consumidor.

Bens de luxo são produtos ou serviços de alta qualidade e prestígio, cujo consumo aumenta desproporcionalmente com o aumento da renda, pois são adquiridos para satisfazer o desejo de status e exclusividade. Alguns exemplos de bens de luxo incluem:

1. Relógios de marcas renomadas – como Rolex, Patek Philippe, Audemars Piguet.
2. Carros de luxo – Ferrari, Lamborghini, Rolls-Royce, Bentley.
3. Joias de alta joalheria – Cartier, Tiffany & Co., Harry Winston.
4. Roupas e acessórios de grife – Louis Vuitton, Chanel, Gucci, Hermès.
5. Iates e jatos particulares – embarcações e aeronaves privadas usadas por pessoas de alta renda.
6. Bolsas de marcas exclusivas – como as bolsas Birkin da Hermès e as bolsas da Chanel.
7. Vinhos e champanhes raros – como Dom Pérignon, Château Margaux, e outros vinhos caros e edições limitadas.
8. Imóveis de alto padrão – mansões, coberturas e propriedades em locais exclusivos e valorizados.

Esses produtos são caracterizados por sua qualidade superior, prestígio de marca e preço elevado, sendo muitas vezes símbolos de status social.

Bens de primeira necessidade são os bens cuja demanda é pouco ou nada relacionada com a renda do consumidor.

Bens de primeira necessidade são produtos essenciais para a sobrevivência e o bem-estar diário dos consumidores. A demanda por esses bens tende a ser inelástica, pois as pessoas precisam deles independentemente do preço. Alguns exemplos incluem:

1. Alimentos básicos – arroz, feijão, pão, leite, frutas e vegetais.
2. Água potável – água engarrafada ou filtrada para consumo.

3. **Produtos de higiene pessoal** – sabonete, xampu, creme dental e papel higiênico.
4. **Medicamentos** – remédios para doenças comuns, como analgésicos, antitérmicos e antibióticos.
5. **Roupas básicas** – peças de vestuário essenciais, como camisetas, calças e roupas íntimas.
6. **Combustível** – gasolina ou gás de cozinha, essenciais para transporte e preparo de alimentos.
7. **Produtos de limpeza** – detergente, desinfetantes e outros produtos usados para manter a higiene do lar.

Esses bens são fundamentais para a vida cotidiana e a saúde das pessoas, e sua demanda não diminui significativamente, mesmo em tempos de crise econômica.

7.9. Setor Primário, Setor Secundário, Setor Terciário e Quarto Setor

Podemos, ainda, fazer uma classificação setorial da produção em setor primário, setor secundário, setor terciário e quarto setor. O setor primário representa as atividades agrícolas e de mineração. O setor secundário, as atividades manufatureiras e industriais. O setor terciário, o comércio e os serviços. Há, ainda, o chamado quarto setor, ligado a organizações não-governamentais e que atua, prioritariamente, em atividades sociais, ambientais e educacionais.

O setor primário da economia é a parte da atividade econômica que envolve a extração e a produção de recursos naturais diretamente da Terra. Este setor abrange as indústrias que lidam com a obtenção de matérias-primas, utilizando os recursos naturais renováveis e não renováveis. A produção no setor primário é, em sua maioria, destinada ao fornecimento de insumos para os setores secundário e terciário da economia.

Principais Atividades do Setor Primário:

1. **Agricultura:** Produção de alimentos e outros produtos agrícolas, como grãos, frutas, verduras, legumes e fibras (como algodão).
2. **Pecuária:** Criação de animais para produção de carne, leite, lã e outros derivados.
3. **Pesca:** Extração de peixes e frutos do mar de ambientes naturais, como rios, lagos e oceanos.
4. **Silvicultura:** Exploração de florestas para extração de madeira e outros produtos florestais.
5. **Mineração:** Extração de minerais e recursos não renováveis, como carvão, petróleo, gás natural, ferro, ouro e diamantes.

Características do Setor Primário:
- **Dependência de Recursos Naturais:** O setor primário depende diretamente da disponibilidade de recursos naturais e da capacidade de exploração sustentável desses recursos.

- **Baixo Nível de Industrialização**: Em comparação com os setores secundário e terciário, o setor primário envolve pouca transformação industrial dos produtos.
- **Importância para Economias em Desenvolvimento**: Em muitos países em desenvolvimento, o setor primário é uma das principais fontes de emprego e geração de riqueza, especialmente nas áreas rurais.

Exemplo: Um agricultor que cultiva soja está participando do setor primário, assim como uma mineradora que extrai cobre de uma mina. Em resumo, o setor primário é o primeiro elo da cadeia produtiva, sendo crucial para fornecer os insumos básicos necessários para a fabricação de produtos e serviços nos outros setores da economia.

O setor secundário da economia é responsável pela transformação de matérias-primas, extraídas ou produzidas pelo setor primário, em bens e produtos acabados ou semiacabados. Esse setor inclui atividades industriais, manufatura, construção civil e produção de energia, sendo fundamental para agregar valor aos produtos brutos por meio de processos de fabricação e produção.

Principais Atividades do Setor Secundário:

1. Indústria de Transformação:
   - Fábricas que produzem bens como automóveis, roupas, eletrodomésticos e produtos eletrônicos.
   - Indústrias alimentícias que processam grãos, carne, leite e outros produtos do setor primário.
2. Construção Civil:
   - Edificação de casas, edifícios comerciais, estradas, pontes e infraestruturas em geral.
3. Indústria Metalúrgica e Siderúrgica:
   - Produção de metais, aço e outros materiais a partir de minerais extraídos.
4. Indústria Petroquímica:
   - Refinamento de petróleo e produção de plásticos, combustíveis e outros derivados.
5. Produção de Energia:
   - Geração de energia elétrica a partir de fontes como petróleo, gás natural, hidrelétricas, energia solar e eólica.

Características do Setor Secundário:

- **Transformação de Matérias-Primas**: A principal função do setor secundário é converter os insumos fornecidos pelo setor primário em produtos utilizáveis ou consumíveis.
- **Processo Industrial**: Envolve o uso de máquinas, fábricas e tecnologia para transformar materiais em bens prontos ou semiacabados.

- **Agregação de Valor:** A transformação de matérias-primas em produtos acabados agrega valor, aumentando o preço de venda e o valor econômico dos bens.
- **Intensidade de Capital e Mão de Obra:** O setor secundário geralmente requer investimentos significativos em infraestrutura e tecnologia, além de uma força de trabalho qualificada para operar os processos industriais.

Exemplos:

- Uma montadora de automóveis que transforma aço, plástico e outros componentes em carros prontos para o uso está atuando no setor secundário.
- Uma fábrica de alimentos que processa leite cru para produzir queijo, iogurte e outros derivados também é parte desse setor.

Importância: O setor secundário é essencial para o desenvolvimento econômico, pois gera emprego, inovação e produtos que sustentam tanto o mercado interno quanto as exportações. Além disso, a industrialização é frequentemente um indicador de progresso econômico e modernização de uma nação. Em resumo, o setor secundário transforma matérias-primas em produtos prontos para o consumo ou para uso em outras indústrias, desempenhando um papel crucial na cadeia produtiva e no crescimento econômico.

O setor terciário da economia, também conhecido como setor de serviços, é a parte da atividade econômica que envolve a prestação de serviços em vez da produção de bens tangíveis. Esse setor inclui todas as atividades que fornecem suporte direto ao consumidor ou às empresas, envolvendo serviços que podem ser intangíveis, como transporte, educação, saúde, finanças, turismo, entretenimento e comércio. Diferente dos setores primário e secundário, o setor terciário não lida com a extração ou transformação de recursos, mas com a distribuição e a prestação de serviços.

Principais Atividades do Setor Terciário:

1. **Comércio:**
   - Atacado e varejo, como lojas, supermercados e comércio eletrônico, que atuam na distribuição de bens aos consumidores finais.
2. **Serviços de Saúde:**
   - Hospitais, clínicas, laboratórios e profissionais de saúde, como médicos e enfermeiros, que prestam cuidados de saúde à população.
3. **Educação:**
   - Instituições de ensino, como escolas, universidades e cursos técnicos, que oferecem serviços de educação e treinamento.
4. **Transporte:**

- o Serviços de transporte de passageiros e cargas, como empresas de táxi, ônibus, aviação e logística.
5. **Serviços Financeiros:**
   - o **Bancos, seguradoras, corretoras e outras instituições financeiras que prestam serviços relacionados a crédito, investimentos e gestão de risco.**
6. **Turismo e Hotelaria:**
   - o **Hotéis, agências de viagem, restaurantes e operadoras de turismo que oferecem serviços para lazer, hospedagem e alimentação.**
7. **Tecnologia da Informação:**
   - o **Empresas que oferecem serviços de software, manutenção de sistemas, hospedagem de sites, desenvolvimento de aplicativos e segurança digital.**
8. **Serviços Governamentais:**
   - o **Serviços públicos oferecidos pelo governo, como segurança, justiça, defesa, coleta de impostos e outros serviços administrativos.**
9. **Entretenimento e Mídia:**
   - o **Produção e distribuição de filmes, programas de TV, música, jogos, além de plataformas de streaming e eventos esportivos.**
10. **Consultoria e Serviços Profissionais:**
    - o **Consultorias em diversas áreas (jurídica, administrativa, financeira), além de contadores, advogados, engenheiros e arquitetos.**

Características do Setor Terciário:

- **Intangibilidade:** A maioria dos serviços oferecidos no setor terciário não resulta na produção de um bem físico, mas em benefícios ou soluções, como conhecimento, cuidados ou entretenimento.
- **Proximidade ao Consumidor Final:** O setor terciário lida diretamente com o consumidor, tanto em serviços individuais quanto empresariais.
- **Dependência de Capital Humano:** A prestação de serviços depende fortemente das habilidades e qualificações dos trabalhadores, especialmente em áreas como saúde, educação e consultoria.

Exemplos:

- Uma escola que oferece aulas é parte do setor terciário, assim como uma agência de viagens que organiza pacotes turísticos.
- Uma empresa de tecnologia que presta serviços de suporte técnico ou desenvolvimento de software também atua no setor terciário.

Importância: O setor terciário é vital para a economia moderna, especialmente nas economias desenvolvidas, onde representa uma grande parte do Produto Interno Bruto (PIB) e do emprego. Ele facilita o funcionamento dos outros setores, melhora a qualidade de vida e promove o desenvolvimento econômico. Em resumo, o setor terciário envolve todas as atividades econômicas que fornecem serviços, sendo essencial para o bem-estar da sociedade e o suporte das atividades produtivas.

Quarto Setor

O quarto setor da economia é um conceito relativamente novo que se refere às atividades que combinam características dos setores tradicionais (primário, secundário e terciário) com uma forte ênfase em impacto social, sustentabilidade e inovação. Ele é composto por organizações híbridas que operam na fronteira entre o setor privado, o público e o terceiro setor (organizações sem fins lucrativos). O quarto setor abrange empresas e iniciativas que buscam gerar lucro ao mesmo tempo em que promovem impacto social e ambiental positivo.

Principais Características do Quarto Setor:

1. **Impacto Social e Ambiental:**
   - As organizações do quarto setor são orientadas por uma missão social ou ambiental, como reduzir a pobreza, promover a educação ou proteger o meio ambiente. Elas equilibram a busca por lucro com a necessidade de gerar benefícios para a sociedade.
2. **Híbrido entre Setores:**
   - Esse setor combina práticas de negócios do setor privado com os objetivos de impacto do setor público e de ONGs. Exemplos incluem empresas sociais, cooperativas e empreendimentos que atuam em modelos econômicos sustentáveis.
3. **Sustentabilidade e Responsabilidade:**
   - O quarto setor prioriza práticas sustentáveis e de responsabilidade social corporativa, buscando soluções que possam ser financeiramente viáveis e ao mesmo tempo respeitem os recursos naturais e a dignidade humana.
4. **Inovação Social:**
   - Organizações deste setor frequentemente utilizam a inovação para resolver problemas sociais de maneiras novas e eficientes, através de modelos de negócios disruptivos, tecnologias emergentes ou novas abordagens colaborativas.
5. **Empresas B (B Corps):**
   - Um exemplo importante são as empresas B, que são certificadas por atender a padrões elevados de desempenho social, ambiental e de transparência. Elas operam com a intenção de gerar benefícios sociais ao mesmo tempo em que são financeiramente viáveis.

Exemplos de Organizações do Quarto Setor:

1. **Empresas Sociais:**

- o Negócios que oferecem produtos e serviços com um objetivo explícito de melhorar as condições sociais ou ambientais, como empresas que promovem o comércio justo ou fornecem acesso a água potável em regiões carentes.
2. Startups de Impacto Social:
   - o Startups que utilizam a inovação e tecnologia para resolver problemas globais, como a pobreza, mudanças climáticas ou saúde pública, enquanto buscam retorno financeiro.
3. Cooperativas:
   - o Organizações que pertencem e são administradas por seus membros, promovendo o bem-estar de suas comunidades, com foco tanto em resultados econômicos quanto em justiça social.
4. Empresas B (Benefit Corporations):
   - o Organizações que adotam uma abordagem de negócios mais equilibrada entre lucro e propósito, com compromissos explícitos em relação ao impacto social e ambiental.
5. Fundos de Investimento de Impacto:
   - o Fundos que investem em empresas com fins lucrativos que também geram benefícios sociais e ambientais significativos, impulsionando o crescimento de negócios inovadores que visam impacto positivo.

Importância do Quarto Setor: O quarto setor é cada vez mais relevante no cenário global, pois aborda questões críticas como a sustentabilidade, a desigualdade social e os limites dos recursos naturais. Ele representa uma alternativa ao modelo econômico tradicional, buscando alinhar crescimento econômico com justiça social e responsabilidade ambiental. Este setor se destaca pela capacidade de criar soluções escaláveis e inovadoras para problemas globais.

Em resumo, o quarto setor da economia é composto por organizações que integram objetivos de lucro com impacto social e ambiental, oferecendo uma abordagem mais responsável e sustentável para o desenvolvimento econômico.

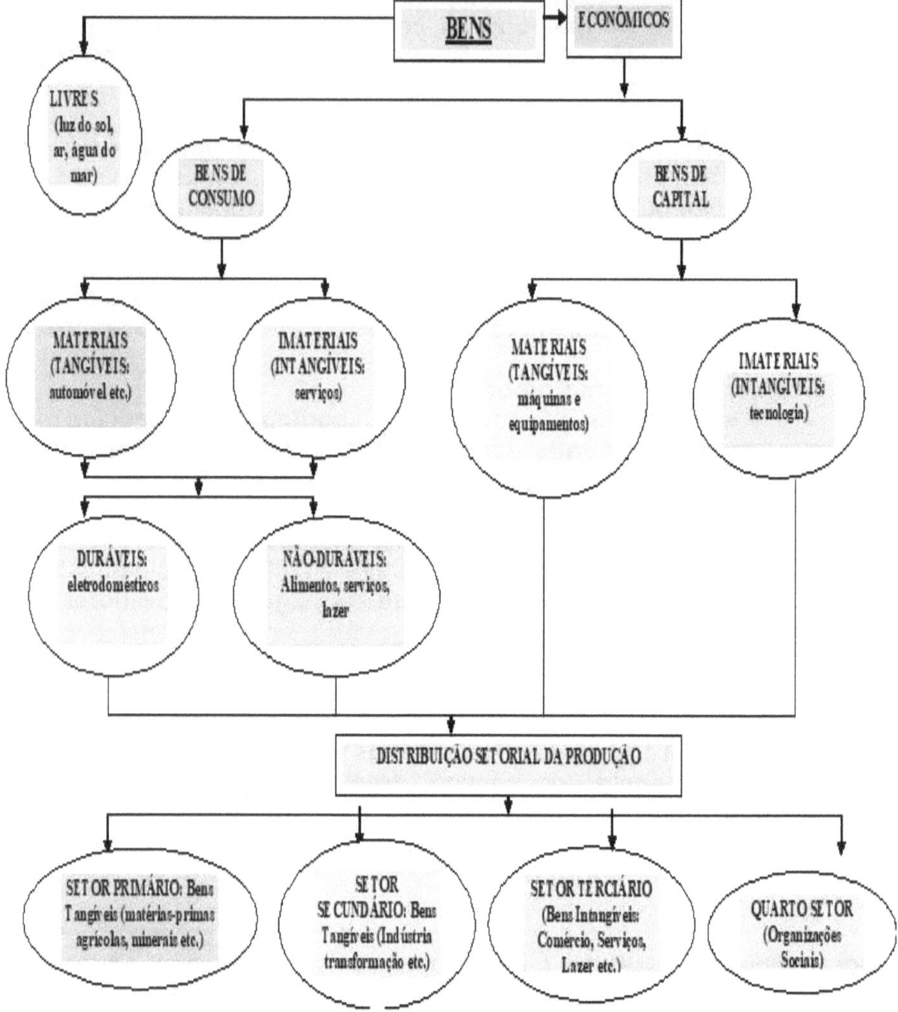

8. O Princípio da Escassez

Quando afirmamos que um determinado bem é escasso, estamos pensando em termos absolutos, em termos globais ou em termos temporais no nosso planeta. Por exemplo, o petróleo, em termos planetários, numa perspectiva de longo prazo, é escasso. Todavia, atualmente, na Arábia Saudita o petróleo é um recurso abundante. A água potável é, em termos planetários, um recurso escasso, mas na Amazônia é um recurso abundante.

O princípio da escassez é um conceito fundamental em economia que se refere à limitação dos recursos disponíveis em relação aos desejos e necessidades ilimitados dos indivíduos. Esse princípio implica que, dado que os recursos são finitos, as sociedades devem tomar decisões sobre como alocar esses recursos de maneira eficiente. A escassez leva à necessidade de priorização e escolha, uma vez que não é possível satisfazer todas as necessidades e desejos de todos.

Exemplos de bens escassos:

1. Água potável – Em muitas regiões do mundo, a água potável é limitada devido a fatores como poluição, mudanças climáticas e gestão inadequada dos recursos hídricos.
2. Terras agrícolas – Com o aumento da população e a urbanização, o espaço disponível para a agricultura é cada vez mais reduzido, tornando as terras agrícolas escassas.
3. Recursos minerais – Minerais como ouro, prata e cobre são limitados e podem se tornar escassos à medida que a demanda aumenta e as reservas conhecidas diminuem.
4. Energia fóssil – O petróleo e o gás natural são recursos finitos e, com o aumento do consumo, podem se tornar escassos, levando à busca por fontes de energia alternativas.
5. Espaço urbano – Em cidades densamente povoadas, o espaço disponível para habitação e comércio é limitado, tornando terrenos e imóveis escassos e, muitas vezes, caros.
6. Peixes em determinadas regiões – A sobrepesca pode levar à escassez de algumas espécies de peixes, impactando ecossistemas e comunidades que dependem da pesca.

Esses exemplos ilustram como a escassez afeta a disponibilidade de recursos e a necessidade de tomar decisões sobre como utilizá-los de maneira eficaz.

9. Metodologia Científica da Economia

A metodologia científica da economia refere-se ao processo metodológico de criação e apreensão do conhecimento econômico. No esquema elaborado abaixo, podemos vislumbrar o estudo de um fenômeno econômico a partir de uma metodologia científica:

a) Primeiro, estabelecem-se hipóteses sobre o comportamento da realidade econômica a ser observada, baseadas nos postulados da Teoria Econômica;

b) Posteriormente, define-se o processo lógico das deduções;

c) Infere-se as implicações originadas nas hipóteses;

d) Inicia-se o processo das observações empíricas (análise dos dados com o auxílio da Estatística e da Econometria);

e) Chega-se às conclusões: a Teoria explica ou não a realidade?

A economia brasileira atual dispõe de um conjunto de instituições (IBGE, FGV, USP, Banco Central, FIESP, CNI) e de dados (Contabilidade Nacional), instrumentos técnicos (Estatística e Econometria) e tecnológicos (computadores de última geração) muito superiores ao que havia no passado à disposição da análise econômica e, portanto, com maior capacidade de previsão dos impactos das políticas econômicas sobre as variáveis econômicas.

Definimos a economia como uma ciência. Ela pode assim ser considerada, porque se utiliza de uma metodologia científica para elaborar as leis e os princípios que regem o funcionamento de um sistema econômico.

Sim, a economia é considerada uma ciência social, pois estuda como indivíduos, grupos e sociedades alocam recursos escassos para satisfazer suas necessidades e desejos. A economia analisa a produção, distribuição e consumo de bens e serviços, além das interações e decisões dos agentes econômicos.

Razões pelas quais a economia é considerada uma ciência:

1. Método Científico: A economia utiliza o método científico para formular hipóteses, coletar dados, realizar análises e testar teorias. Economistas observam fenômenos econômicos, formulam teorias e conduzem experimentos ou estudos empíricos para validar suas afirmações.
2. Teorias e Modelos: A economia desenvolve teorias e modelos para explicar o comportamento dos agentes econômicos, como consumidores e empresas. Esses modelos ajudam a prever resultados em diferentes cenários e a entender as interações complexas dentro da economia.
3. Análise Quantitativa: Muitos economistas utilizam métodos quantitativos, como estatísticas e econometria, para analisar dados econômicos e testar hipóteses, permitindo uma compreensão mais precisa das dinâmicas econômicas.
4. Interdisciplinaridade: A economia está relacionada a outras disciplinas, como psicologia, sociologia e ciência política, enriquecendo sua análise e permitindo uma compreensão mais profunda do comportamento humano e das instituições sociais.
5. Estudo de Fenômenos Reais: A economia estuda fenômenos que afetam a vida cotidiana, como inflação, desemprego, crescimento econômico e distribuição de renda. Essa relevância prática destaca a importância da economia como ciência.

Por essas razões, a economia é reconhecida como uma ciência que busca entender e explicar o funcionamento das economias, as escolhas dos indivíduos e as consequências dessas escolhas no contexto social e econômico.

Aqui estão alguns exemplos do mundo real que demonstram como a economia atua como uma ciência:

1. Estudos sobre o impacto de políticas econômicas: Análises de políticas fiscais e monetárias, como a resposta da economia a estímulos governamentais durante crises financeiras, como a Grande Recessão de 2008, permitem entender os efeitos de tais intervenções. Economistas usam dados para avaliar a eficácia das medidas, como cortes de impostos ou aumento de gastos públicos.
2. Análise de comportamento do consumidor: Pesquisas de mercado e estudos comportamentais ajudam a entender como os consumidores reagem a mudanças de preços. Por exemplo, a Lei da Demanda demonstra que, geralmente, um aumento no preço de um produto leva a uma redução na quantidade demandada, e estudos empíricos confirmam essa relação.
3. Experimentos de laboratório e de campo: Economistas comportamentais realizam experimentos para testar teorias sobre como as pessoas tomam decisões. Por exemplo, experimentos em que os participantes devem escolher entre recompensas imediatas e futuras ajudam a entender questões de autocontrole e planejamento financeiro.
4. Econometria: A aplicação de técnicas econométricas permite a análise de grandes conjuntos de dados. Por exemplo, estudos que relacionam taxas de juros e investimentos ajudam a modelar como as mudanças nas taxas impactam decisões empresariais. Os resultados são usados para formular previsões e políticas.
5. Modelos de crescimento econômico: Modelos como o modelo de Solow ou o modelo de crescimento endógeno ajudam a explicar o crescimento econômico a longo prazo, considerando fatores como capital humano, tecnologia e inovações. Esses modelos são testados contra dados de vários países para verificar sua validade.
6. Estudos sobre desigualdade econômica: Análises de dados sobre distribuição de renda em diferentes países permitem aos economistas estudarem a relação entre desigualdade e crescimento econômico, além de suas consequências sociais. Pesquisas, como as de Thomas Piketty, fornecem insights sobre a dinâmica da riqueza e sua concentração.
7. Impacto de sanções econômicas: Análises sobre a eficácia de sanções econômicas, como as impostas ao Irã e à Rússia, avaliam como essas medidas afetam as economias dos países-alvo e a política internacional. Economistas utilizam modelos para prever os impactos econômicos e políticos resultantes das sanções.

Esses exemplos ilustram como a economia utiliza métodos científicos para compreender fenômenos complexos, formular teorias e testar hipóteses, solidificando sua posição como uma ciência social.

9.1. O Processo Científico da Economia

Elaboração: Domingos de Gouveia Rodrigues

Exemplos: Hipóteses a serem testadas em busca de validação científica:

a) Hipótese 1: Quanto menor a taxa de juros real, maior a atividade econômica, maior a produção e menor a taxa de desemprego.

b) Hipótese 2: A desvalorização da taxa de câmbio estimula as exportações.

c) Hipótese 3: O aumento dos salários reais acima da taxa de crescimento da produtividade provoca desemprego.

9.2. Teoria Econômica, Econometria, Economia Positiva e Economia Normativa

A Teoria Econômica procura estabelecer relações de causalidade entre quantidades. O objetivo central da teoria econômica é permitir entender o mecanismo de funcionamento da economia, utilizando-se de um instrumental rigoroso do ponto de vista científico. A Econometria testa as conclusões da teoria econômica a partir das observações empíricas utilizando instrumentos técnicos da estatística e da matemática. A teoria econômica constitui a chamada economia positiva, não admitindo julgamentos de valor. Por ser ciência em estado puro, sua validade é objetiva e sua aceitação universal.

Enquanto o conhecimento estiver limitado aos círculos acadêmicos ele constitui a economia positiva, a teoria econômica. Quando for apropriado pelas empresas ou pelo governo na adoção de políticas econômicas, transforma-se em economia normativa ou do bem-estar social.

Definição de Teoria Econômica

Teoria Econômica é um conjunto de princípios, conceitos e modelos que buscam explicar o funcionamento da economia, analisar as interações entre indivíduos, empresas e governos, e prever as consequências de diferentes políticas econômicas e comportamentos de mercado. Ela serve como uma estrutura para entender fenômenos econômicos complexos e fundamenta a tomada de decisões em contextos econômicos.

Componentes da Teoria Econômica

A teoria econômica é composta por vários elementos essenciais:

- Princípios Básicos: Incluem conceitos fundamentais como oferta e demanda, custo de oportunidade, escassez, utilidade e incentivos. Esses princípios ajudam a entender como as escolhas são feitas em um ambiente de recursos limitados.
- Modelos Econômicos: Representações simplificadas da realidade que ajudam a analisar e prever comportamentos econômicos.

Exemplos incluem o modelo de oferta e demanda, modelos de crescimento econômico, e modelos de comportamento do consumidor. Os modelos são utilizados para testar hipóteses e formular previsões sobre o comportamento econômico.

- Hipóteses: Afirmações que podem ser testadas e que formam a base das teorias econômicas. As hipóteses ajudam a identificar relações causais e padrões de comportamento entre variáveis econômicas.
- Teorias e Leis: São construções mais abrangentes que integram princípios e modelos para explicar fenômenos econômicos específicos. Por exemplo, a Teoria do Comportamento do Consumidor, a Teoria da Produção, e a Teoria do Crescimento Econômico.

Objetivos da Teoria Econômica

A teoria econômica busca atingir os seguintes objetivos:

- Explicação: Oferecer explicações claras sobre como as economias funcionam e por que os agentes econômicos agem de determinadas maneiras.
- Previsão: Fazer previsões sobre o comportamento econômico futuro com base em condições atuais e passadas. Isso é fundamental para o planejamento econômico, tanto no setor público quanto no privado.
- Orientação de Políticas: Ajudar formuladores de políticas a entender as consequências potenciais de suas decisões. Isso inclui a análise de políticas fiscais, monetárias e regulatórias.
- Análise de Problemas Econômicos: Fornecer uma estrutura para entender e abordar problemas econômicos, como inflação, desemprego, desigualdade e crescimento econômico.

Classificações da Teoria Econômica

A teoria econômica é geralmente dividida em duas grandes áreas:

- Microeconomia: Estuda o comportamento individual de consumidores e empresas, analisando como eles tomam decisões e interagem nos mercados. A microeconomia foca em conceitos como elasticidade, teorias do consumidor e do produtor, e formação de preços.
- Macroeconomia: Examina a economia como um todo, analisando agregados econômicos como PIB, inflação, desemprego e políticas econômicas. A macroeconomia lida com questões como crescimento econômico, ciclos econômicos e políticas fiscais e monetárias.

Importância da Teoria Econômica

A teoria econômica desempenha um papel crucial em várias áreas:

- Educação: Serve como base para cursos e programas acadêmicos em economia, permitindo que estudantes compreendam os princípios e modelos que governam as interações econômicas.
- Tomada de Decisão: Ajuda indivíduos, empresas e governos a tomar decisões informadas, considerando as consequências de suas ações em um contexto econômico mais amplo.
- Pesquisa e Desenvolvimento: Fornece um quadro teórico que orienta pesquisas econômicas e investigações sobre o comportamento do mercado e as políticas públicas.

Conclusão: A teoria econômica é uma ferramenta fundamental para a compreensão do funcionamento das economias. Através de princípios, modelos e teorias, ela oferece uma estrutura analítica que ajuda a explicar, prever e orientar decisões econômicas em uma variedade de contextos. Compreender a teoria econômica é essencial para abordar os desafios econômicos contemporâneos e desenvolver políticas eficazes que promovam o bem-estar econômico.

Definição de Econometria

Econometria é uma disciplina dentro da economia que aplica métodos estatísticos e matemáticos para analisar dados econômicos, com o objetivo de quantificar relações econômicas, testar teorias e prever fenômenos econômicos. Ela combina a teoria econômica, a estatística e a matemática para transformar dados em informações úteis, permitindo uma compreensão mais profunda do comportamento econômico.

Objetivos da Econometria

A econometria busca alcançar os seguintes objetivos:

- Quantificação de Relações Econômicas: A econometria permite estimar a força e a forma das relações entre variáveis econômicas, como a relação entre renda e consumo, ou entre investimento e crescimento econômico.
- Teste de Hipóteses: Utiliza dados empíricos para verificar teorias econômicas e hipóteses formuladas. Isso é feito através de testes estatísticos que ajudam a determinar se os dados suportam ou refutam as teorias.
- Previsão: A econometria é amplamente utilizada para fazer previsões sobre variáveis econômicas futuras, como inflação, crescimento do PIB e taxa de desemprego, baseando-se em tendências e padrões históricos.
- Avaliação de Políticas: Ajuda a avaliar o impacto de políticas econômicas e programas governamentais, permitindo aos formuladores de políticas entenderem as consequências de suas ações.

Métodos e Técnicas da Econometria

A econometria utiliza uma variedade de métodos e técnicas, incluindo:

- Regressão Linear: Uma técnica fundamental que analisa a relação entre uma variável dependente e uma ou mais variáveis independentes. A regressão linear simples é usada para duas variáveis, enquanto a regressão múltipla envolve várias variáveis independentes.
- Modelos de Séries Temporais: Utilizados para analisar dados coletados ao longo do tempo, permitindo a identificação de tendências, ciclos e padrões sazonais. Modelos como ARIMA (AutoRegressive Integrated Moving Average) são comuns nessa área.
- Modelos de Dados em Painel: Combinam dados de diferentes indivíduos, empresas ou países ao longo do tempo, permitindo uma análise mais rica e robusta das relações econômicas.
- Modelos de Regressão Logística: Usados para prever resultados binários, como a probabilidade de uma pessoa estar empregada ou desempregada.
- Análise de Causalidade: Inclui testes como o teste de Granger, que avalia se uma variável pode prever outra ao longo do tempo.

Importância da Econometria

A econometria desempenha um papel crucial em diversas áreas:

- Pesquisa Acadêmica: É uma ferramenta essencial em estudos econômicos, permitindo que economistas testem teorias e conduzam pesquisas empíricas.
- Política Pública: Ajuda a informar e fundamentar decisões de políticas econômicas, tornando-as mais baseadas em evidências.
- Setor Privado: Empresas utilizam econometria para análises de mercado, previsão de vendas, e avaliação de riscos, auxiliando na tomada de decisões estratégicas.
- Finanças: A econometria é amplamente utilizada na análise de investimentos e avaliação de risco, ajudando investidores a tomar decisões informadas.

Conclusão: Em resumo, a econometria é uma disciplina essencial que une a teoria econômica com a análise estatística e matemática. Através de suas técnicas e métodos, a econometria fornece uma base empírica sólida para entender o comportamento econômico, testando teorias, prevendo resultados e avaliando políticas. Isso a torna uma ferramenta indispensável para economistas, formuladores de políticas e profissionais do setor privado.

Economia Positiva

Definição de Economia Positiva

Economia Positiva é uma abordagem da economia que se concentra na descrição e análise de fenômenos econômicos como eles realmente são, sem fazer julgamentos normativos ou prescritivos. Ela busca entender e explicar os comportamentos e as interações econômicas através da observação empírica e da aplicação de métodos científicos. O objetivo principal da economia positiva é oferecer uma compreensão objetiva e fundamentada dos processos econômicos, permitindo que se faça previsões e se analise a causalidade entre variáveis econômicas.

Características da Economia Positiva

A economia positiva possui algumas características fundamentais:

- **Descritiva e Objetiva:** A economia positiva procura descrever a realidade econômica de maneira objetiva, sem incluir valores pessoais ou opiniões. Ela se baseia em dados e evidências empíricas.
- **Fatos e Teorias:** Esta abordagem analisa fatos econômicos e desenvolve teorias que podem ser testadas e verificadas. Por exemplo, uma teoria sobre o impacto de uma mudança na taxa de juros sobre o consumo das famílias.
- **Causalidade e Previsão:** A economia positiva busca identificar relações causais entre variáveis econômicas, permitindo previsões sobre o comportamento futuro da economia. Por exemplo, se o aumento do salário-mínimo resulta em uma redução na taxa de desemprego.
- **Métodos Científicos:** Utiliza métodos estatísticos e matemáticos para coletar, analisar e interpretar dados. Isso inclui a aplicação de modelos econométricos para testar hipóteses e avaliar resultados.

Exemplos de Análises em Economia Positiva

- **Análise do PIB:** A economia positiva pode estudar como o Produto Interno Bruto (PIB) de um país é afetado por diferentes fatores, como políticas fiscais, níveis de investimento, e condições externas.
- **Efeitos de Políticas Monetárias:** Pode analisar como mudanças nas taxas de juros influenciam a inflação ou o crescimento econômico, baseando-se em dados históricos.
- **Comportamento do Consumidor:** A economia positiva pode investigar como as variações nos preços de bens e serviços afetam as decisões de compra dos consumidores.

Distinção entre Economia Positiva e Normativa

É importante destacar que a economia positiva é distinta da economia normativa, que se concentra em fazer julgamentos sobre o que a economia deveria ser ou como as políticas econômicas deveriam ser formuladas.

Enquanto a economia positiva busca descrever e entender a realidade, a economia normativa envolve opiniões e recomendações sobre políticas econômicas, muitas vezes envolvendo valores éticos e sociais.

Importância da Economia Positiva

A economia positiva é crucial para o entendimento do funcionamento real das economias. Suas principais contribuições incluem:

- Fundamentação para Políticas Públicas: Fornece uma base empírica para a formulação de políticas, permitindo que os decisores compreendam as consequências prováveis de diferentes ações.
- Informação para Tomada de Decisão: Ajuda empresas, investidores e indivíduos a tomar decisões informadas, baseando-se em dados e análises objetivas.
- Avanço do Conhecimento Econômico: Contribui para o desenvolvimento de teorias e modelos econômicos que enriquecem o conhecimento da disciplina e promovem o debate acadêmico.

Conclusão: Em resumo, a economia positiva é uma área da ciência econômica dedicada à análise objetiva e descritiva de fenômenos econômicos, buscando compreender a realidade através de dados e evidências. Essa abordagem fornece uma base sólida para a pesquisa econômica, a formulação de políticas e a tomada de decisões, diferindo da economia normativa, que lida com questões de valor e julgamento.

Economia Normativa

Definição de Economia Normativa

Economia Normativa é uma abordagem da economia que se concentra em como a economia deveria ser, formulando julgamentos sobre políticas, práticas e resultados econômicos. Ao contrário da economia positiva, que se limita à descrição e análise de fenômenos econômicos com base em dados empíricos e fatos objetivos, a economia normativa envolve opiniões, valores e recomendações sobre o que é desejável ou indesejável em termos econômicos.

Características da Economia Normativa

A economia normativa possui algumas características fundamentais:

- Prescritiva: Ela não apenas descreve a realidade econômica, mas também prescreve o que deve ser feito para alcançar determinados objetivos econômicos ou sociais.
- Avaliação de Políticas: A economia normativa avalia as consequências das políticas econômicas, considerando seus efeitos sobre o bem-estar social, a justiça econômica, e a distribuição de renda.

- **Baseada em Valores:** As análises normativas envolvem julgamentos de valor, que são influenciados por crenças pessoais, éticas e sociais. Por exemplo, uma afirmação sobre a necessidade de reduzir a desigualdade de renda é uma questão normativa.
- **Formulação de Recomendações:** A economia normativa fornece recomendações sobre como as políticas econômicas devem ser implementadas para atingir objetivos desejados, como crescimento econômico, equidade social e eficiência.

Exemplos de Análises em Economia Normativa

- **Impostos e Redistribuição:** A economia normativa pode discutir a necessidade de um sistema tributário progressivo, defendendo que os mais ricos devem pagar mais impostos para reduzir a desigualdade.
- **Políticas de Emprego:** Pode recomendar a implementação de programas de emprego para combater o desemprego e promover a inclusão social, com base na crença de que todos deveriam ter acesso a oportunidades de trabalho.
- **Regulação Ambiental:** A economia normativa pode defender a necessidade de regulamentações mais rigorosas para proteger o meio ambiente, argumentando que é moralmente correto preservar os recursos naturais para as gerações futuras.

Distinção entre Economia Normativa e Positiva

A principal diferença entre economia normativa e positiva é que a primeira lida com questões de "o que deveria ser" e envolve julgamentos de valor, enquanto a segunda se concentra em "o que é" e busca descrever e explicar fenômenos econômicos de maneira objetiva. Por exemplo, afirmar que "a inflação deve ser mantida abaixo de 2% ao ano" é uma afirmação normativa, pois envolve uma recomendação sobre a política econômica. Já dizer que "a inflação foi de 5% no último ano" é uma afirmação positiva, pois descreve um fato observável.

Importância da Economia Normativa

A economia normativa desempenha um papel importante em diversas áreas:

- **Tomada de Decisões Políticas:** Ajuda formuladores de políticas a considerar não apenas a eficácia, mas também a equidade e a justiça em suas decisões.
- **Debates Sociais:** Contribui para o debate público sobre questões econômicas, promovendo discussões sobre o que é desejável para a sociedade.
- **Direcionamento das Políticas:** Orienta a criação de políticas públicas que visam promover o bem-estar social e melhorar a qualidade de vida das pessoas.

Conclusão: Em resumo, a economia normativa é uma abordagem da ciência econômica que se dedica a questões de valor, formulando julgamentos sobre o que a economia deveria ser e como as políticas econômicas devem ser implementadas. Ela desempenha um papel crucial na avaliação de políticas e na formulação de recomendações que visam melhorar o bem-estar econômico e social, diferindo da economia positiva, que se concentra na descrição objetiva da realidade econômica.

10. Fatos e Fenômenos Econômicos

Os fatos e os fenômenos econômicos representam a realidade observada no comportamento das variáveis econômicos. Por exemplo, comprar um bem é um fato econômico.

10.1. Definição de Fato Econômico

Fato Econômico refere-se a um evento ou situação concreta que ocorre dentro de uma economia e que pode ser observado, medido e analisado. Os fatos econômicos são dados objetivos que refletem as atividades e interações dos agentes econômicos, como consumidores, empresas e governos. Eles podem ser registrados em termos de números e estatísticas, e são fundamentais para a compreensão do funcionamento da economia.

Exemplos de Fatos Econômicos:

- Taxa de Desemprego: O percentual de pessoas desempregadas em uma economia em um determinado período.
- Crescimento do PIB: O aumento ou diminuição do Produto Interno Bruto de um país em um determinado período.
- Níveis de Preços: A inflação medida pelo aumento dos preços de bens e serviços em um período específico.

10.2. Definição de Fenômeno Econômico

Fenômeno Econômico é um conceito mais amplo que se refere a qualquer processo, comportamento ou padrão observável relacionado à atividade econômica. Os fenômenos econômicos podem incluir tendências, ciclos e relações que se manifestam entre os diferentes fatores da economia. Eles podem ser influenciados por fatos econômicos, mas geralmente envolvem análises mais complexas e a compreensão de dinâmicas e interações entre variáveis econômicas.

Exemplos de Fenômenos Econômicos:

- Ciclos Econômicos: A alternância entre períodos de expansão e contração da atividade econômica, como recessões e booms.

- **Efeito da Globalização:** A maneira como a globalização influencia o comércio internacional, o emprego e as economias locais.
- **Mudanças no Comportamento do Consumidor:** Como as preferências dos consumidores mudam em resposta a novas tendências de mercado ou inovações tecnológicas.

Diferenças entre Fato Econômico e Fenômeno Econômico

- **Objetividade vs. Complexidade:** Fatos econômicos são dados concretos e objetivos, enquanto fenômenos econômicos envolvem uma análise mais complexa de comportamentos e padrões.
- **Escopo:** Fatos econômicos são eventos específicos que podem ser medidos, enquanto fenômenos econômicos referem-se a tendências e interações mais amplas dentro da economia.
- **Uso na Análise:** Os fatos econômicos são frequentemente utilizados como base para a coleta de dados e análise, enquanto fenômenos econômicos ajudam a entender o contexto e as implicações desses dados.

Conclusão: Em resumo, fatos econômicos são eventos observáveis e mensuráveis que refletem a realidade econômica, enquanto fenômenos econômicos são padrões e comportamentos mais amplos que emergem da interação dos agentes econômicos e dos fatos econômicos. Ambos são fundamentais para a análise e compreensão do funcionamento das economias.

11. Leis Econômicas

As leis econômicas são relações estáveis (constantes) entre variáveis econômicas no longo prazo. Por exemplo, a relação entre preço e quantidades ofertadas e demandadas é uma lei econômica fundamental (lei da oferta e da procura).

11.1. Definição de Lei Econômica

Lei Econômica é uma proposição ou regra geral que descreve relações consistentes e previsíveis entre variáveis econômicas, formulada a partir da observação empírica e da análise teórica. Essas leis são derivadas de padrões observáveis no comportamento dos agentes econômicos e visam explicar como as variáveis interagem em diferentes contextos econômicos. As leis econômicas não são absolutas, mas geralmente se aplicam sob certas condições e em determinados contextos, sendo fundamentais para a construção de teorias econômicas.

11.2. Características das Leis Econômicas

As leis econômicas apresentam várias características importantes:
- **Universalidade:** Embora possam ter limitações em contextos específicos, as leis econômicas são formuladas para serem

aplicáveis em uma ampla gama de situações e contextos econômicos.
- **Base Empírica:** As leis econômicas são frequentemente baseadas em dados observáveis e padrões históricos, resultantes da coleta e análise de dados empíricos.
- **Previsibilidade:** Uma lei econômica deve ser capaz de prever com razoável precisão o comportamento das variáveis em diferentes cenários, permitindo que economistas e formuladores de políticas antecipem os efeitos de mudanças nas condições econômicas.
- **Exceções:** Embora algumas leis econômicas sejam robustas, é importante notar que pode haver exceções, especialmente em situações extraordinárias ou em economias que não seguem os padrões normais.

Exemplos de Leis Econômicas

- **Lei da Demanda:** Esta lei afirma que, ceteris paribus (mantidas constantes as outras variáveis), quanto maior o preço de um bem, menor será a quantidade demandada pelos consumidores, e vice-versa. Esta relação inversa é uma das mais fundamentais na economia.
- **Lei da Oferta:** A lei da oferta estabelece que, ceteris paribus, quanto maior o preço de um bem, maior será a quantidade que os produtores estão dispostos a oferecer. Essa relação direta entre preço e quantidade ofertada é um princípio central da microeconomia.
- **Lei da Utilidade Marginal Decrescente:** Esta lei postula que, à medida que um consumidor adquire unidades adicionais de um bem, a satisfação (ou utilidade) que cada nova unidade proporciona tende a diminuir. Isso explica o comportamento de consumo e a disposição dos consumidores para pagar.
- **Lei de Say (ou Lei da Oferta):** Esta lei sugere que "a oferta cria sua própria demanda", afirmando que a produção de bens e serviços gera a demanda equivalente para esses bens e serviços. Essa ideia está ligada à noção de que, em um mercado livre, os produtores encontrarão consumidores para suas ofertas.

11.3. Classificação das Leis Econômicas

As leis econômicas podem ser classificadas de várias maneiras:

- **Leis Descritivas:** Descrevem o comportamento observado em contextos econômicos, como as leis da oferta e da demanda.
- **Leis Normativas:** Propostas que sugerem como a economia deveria se comportar ou como políticas econômicas devem ser formuladas, envolvendo julgamentos de valor.
- **Leis Teóricas:** Desenvolvidas a partir de modelos econômicos que buscam explicar fenômenos complexos, como modelos de crescimento econômico ou de ciclos econômicos.

11.4. Importância das Leis Econômicas

As leis econômicas desempenham um papel crucial em diversas áreas:

- **Formulação de Políticas:** Oferecem uma base para a formulação de políticas públicas, ajudando a prever os efeitos de diferentes intervenções na economia.
- **Análise Econômica:** Permitem aos economistas analisarem e interpretarem dados, identificando tendências e padrões que informam decisões.
- **Educação e Pesquisa:** Servem como fundamentos para o ensino de economia e para a pesquisa acadêmica, ajudando a desenvolver teorias e modelos.
- **Planejamento Empresarial:** As empresas usam leis econômicas para entender o mercado e tomar decisões informadas sobre produção, preços e estratégias de marketing.

Conclusão: Em resumo, uma lei econômica é uma proposição geral que descreve relações consistentes e previsíveis entre variáveis econômicas, fundamentada em observações empíricas e teorias econômicas. Essas leis são fundamentais para a análise e compreensão do comportamento econômico, fornecendo uma base para a formulação de políticas, pesquisa acadêmica e tomada de decisões no setor privado. Embora não sejam absolutas e possam ter exceções, as leis econômicas são essenciais para entender e prever o funcionamento das economias.

11.5. Principais Leis Econômicas

Lei da Escassez: criada a partir do princípio econômico fundamental de que, a longo prazo, todos os recursos econômicos do planeta são escassos.

Lei das Necessidades Ilimitadas: criada a partir do princípio econômico fundamental de que, a longo prazo, por definição, as necessidades dos consumidores são ilimitadas.

Lei da Demanda: A demanda por um bem ou serviço diminui quando seu preço aumenta, e vice-versa, mantendo tudo o mais constante.

Lei da Oferta: A quantidade ofertada de um bem ou serviço aumenta quando seu preço aumenta, e vice-versa, mantendo tudo o mais constante.

Lei da Oferta e da Procura: criada a partir do princípio econômico fundamental de que, numa economia competitiva, os preços são determinados no mercado pela interação das forças de oferta com as forças de demanda. O ponto em que a quantidade ofertada iguala a quantidade demandada é chamado de equilíbrio de mercado.

Lei da Competição Perfeita: Em um mercado competitivo, os preços se ajustam de modo que a quantidade demandada e a quantidade ofertada se igualem, levando a um uso eficiente dos recursos.

Lei dos Custos Crescentes ou **Lei dos Custos de Oportunidade:** Acréscimos sucessivos de produção de um determinado bem exigem decréscimos sucessivos da produção de outro bem, o que significa que os custos de oportunidade da produção desse bem são crescentes. Portanto, à medida que aumenta a produção de um bem, o custo de produção de quantidades adicionais desse bem aumenta em relação à produção de outro bem a que se renuncie. A lei dos custos crescentes mede o custo de produção de um bem em relação à produção de outro bem a cuja produção se renuncia.

Lei dos Rendimentos Marginais Decrescentes: criada a partir do princípio econômico fundamental de que a utilização de pelo menos um fator de produção fixo, a partir de determinado nível de utilização do fator de produção variável, acréscimos deste fator de produção variável levarão a acréscimos cada vez menores da produção. A lei dos rendimentos decrescentes mede o custo adicional de determinado bem em termos dos insumos adicionais necessários à implementação dessa produção.

Lei da Utilidade Marginal Decrescente: À medida que um consumidor consome mais unidades de um bem, a satisfação adicional (ou utilidade) obtida de cada unidade adicional tende a diminuir.

Lei de Say, criada a partir dos trabalhos do economista francês Jean Baptiste Say (1768-1832), de acordo com a qual a oferta cria sua própria demanda. As pessoas ofertam um bem ou serviço visando a adquirir outros bens. Por esse mecanismo, não seria possível haver superprodução na economia capitalista de livre mercado, ou seja, não haveria qualquer descompasso entre oferta e demanda, pois os pagamentos aos fatores de produção (salários, lucros, juros) que constituem custos de produção correspondem ao fluxo de renda necessária para a aquisição das mercadorias. A Grande Depressão (1929) enterrou a Lei de Say. Houve superprodução generalizada no sistema capitalista mundial (principalmente nos Estados Unidos) e abriu espaço para o surgimento da Revolução Keynesiana. David Ricardo aceitou a Lei de Say, mas Thomas Malthus a rejeitou completamente, com o argumento de que a demanda efetiva tende a ser inferior à oferta, pois, ao ver de Malthus, a classe capitalista tem uma tendência a não gastar sua renda, preferindo entesourar parcela significativa dos lucros que recebe.

Lei da População de Malthus, criada a partir dos trabalhos do economista britânico Thomas Malthus (1776-1834), afirma que a população não controlada tende a crescer a taxas geométricas, ao passo que a produção de meios de subsistência para a sociedade tende a crescer a taxas aritméticas, o que, no limite, levaria ao colapso da Humanidade.

Lei de Ferro dos Salários, criada pelo economista britânico David Ricardo (1772-1832), afirma que há uma tendência para que os salários reais (poder de compra) tendam para o nível de subsistência, a longo prazo.

Lei (Teoria) das Vantagens Comparativas, criada pelo economista britânico David Ricardo, afirma que todas as nações poderiam ganhar com o comércio internacional, caso se especializassem na produção de bens em que detêm vantagens comparativas vis-à-vis outras nações. Cada país deve se especializar na produção de bens em que possui uma vantagem comparativa, o que leva a um ganho em eficiência e produção total no comércio internacional.

Lei da Divisão Social do Trabalho, criada a partir dos trabalhos do economista britânico Adam Smith (1723-1790), o pai do liberalismo econômico, afirma que o crescimento da riqueza depende da produtividade do trabalho, a qual depende diretamente do grau de especialização ou da extensão em que a divisão do trabalho é alcançada. Para Smith, o comércio internacional amplia a divisão do trabalho e todos os países ganham, na medida em que se beneficiem direta ou indiretamente do aumento da produtividade do trabalho.

Lei de Gresham, enunciada originalmente por Nicolau d' Orèsme (1325-1382), em seu trabalho de 1336 "Breve tratado da primeira função das moedas e suas causas e espécies", afirma que a moeda má expulsa a moeda boa.

Lei de Engels: À medida que a renda de um consumidor aumenta, a proporção da renda gasta em bens inferiores diminui, enquanto a proporção gasta em bens normais e de luxo aumenta. Criada a partir dos trabalhos de Ernst Engels (1821-1896), afirma que a relação entre os gastos com alimentos e a renda dos indivíduos cai quando a renda aumenta, sendo considerada uma medida do bem-estar social ou do desenvolvimento econômico de uma sociedade.

Lei da Taxa de Lucros Declinante a Longo Prazo, desenvolvida por David Ricardo, a partir da ideia de que o aumento da população levaria à utilização de terras cada vez menos férteis para a produção de alimentos, elevando os preços dos alimentos e dos salários e reduzindo os lucros.

Teoria do Ciclo Econômico: As economias passam por ciclos de expansão e contração, afetados por fatores como investimentos, políticas monetárias e choques externos.

Teoria das Expectativas Racionais: Os indivíduos tomam decisões com base em suas expectativas sobre o futuro, levando em consideração todas as informações disponíveis.

Teoria do Capital Humano: Investimentos em educação e treinamento aumentam a produtividade dos trabalhadores, resultando em crescimento econômico.

Teoria da Elasticidade: Medida da sensibilidade da quantidade demandada ou ofertada de um bem em relação a mudanças em seu preço, renda ou preço de bens relacionados.

Teoria da Renda Nacional: A renda nacional é determinada pela interação entre consumo, investimento, gastos do governo e exportações líquidas.

Teorema de Coase: Em presença de direitos de propriedade bem definidos e custos de transação baixos, as partes envolvidas chegarão a uma solução eficiente em termos econômicos, independentemente da distribuição inicial dos direitos.

Teorema do Equilíbrio Geral: Em um mercado competitivo, a interação entre diferentes mercados leva a um equilíbrio geral onde todos os mercados são interdependentes.

Teoria da Preferência Revelada: As escolhas dos consumidores revelam suas preferências e utilidades, permitindo a inferência sobre suas prioridades de consumo.

Essas leis e teorias formam a base do estudo econômico, permitindo que economistas analisem, prevejam e expliquem fenômenos econômicos, solidificando a economia como uma ciência.

## 12.	Alguns Conceitos Fundamentais

12.1. Ciência

Ciência é um método para produzir, adquirir e acumular conhecimentos ao longo do tempo, criando as condições para que esse conhecimento seja universal e transmitido de geração a geração, de forma tal a permitir a compreensão do comportamento humano e a solução dos problemas que afligem a Humanidade, levando a crescente bem-estar social. Uma Ciência estuda determinados fenômenos a partir de uma metodologia científica própria ou geral.

Ciência é um conjunto sistemático de conhecimentos adquiridos por meio da observação, experimentação e análise, que busca entender, explicar e prever fenômenos naturais e sociais. A ciência é caracterizada por seu rigor metodológico, sua objetividade e sua disposição para revisar e refinar teorias com base em novas evidências. Abaixo, estão os principais aspectos que definem a ciência:

Características da Ciência:

1. **Método Científico:**
   - A ciência utiliza o método científico, que envolve a formulação de hipóteses, a realização de experimentos ou observações, a coleta de dados e a análise para validar ou refutar as hipóteses. O método científico é fundamental para garantir a confiabilidade e a replicabilidade das descobertas científicas.
2. **Objetividade:**
   - A ciência busca minimizar viéses pessoais e subjetividades, focando em evidências empíricas e dados observáveis. Os resultados científicos devem ser verificáveis e reproduzíveis por outros pesquisadores.
3. **Teoria e Lei:**
   - A ciência desenvolve teorias e leis para explicar fenômenos. As teorias são explicações abrangentes que unem e interpretam um conjunto de observações, enquanto as leis são descrições de padrões observados em fenômenos naturais.
4. **Evidência Empírica:**
   - A base da ciência é a observação e a experiência. As teorias científicas são fundamentadas em dados coletados de maneira sistemática e rigorosa, e a validação dessas teorias depende da consistência com as evidências observadas.
5. **Revisibilidade:**
   - A ciência é um processo dinâmico e contínuo. Novas descobertas podem levar à revisão ou ao abandono de teorias anteriores. O conhecimento científico está sempre em evolução à medida que novas evidências e tecnologias emergem.
6. **Especialização:**
   - A ciência é dividida em diversas disciplinas e subdisciplinas, como física, química, biologia, ciências sociais e ciências da computação. Cada uma delas possui seus próprios métodos e áreas de estudo, mas todas compartilham princípios fundamentais de rigor e objetividade.
7. **Comunicabilidade:**
   - Os resultados e descobertas científicas são comunicados de forma clara e acessível, permitindo que outros pesquisadores revisem, critiquem e construam sobre o trabalho existente. Publicações em revistas científicas e conferências são meios comuns de disseminação do conhecimento científico.

Importância da Ciência:

1. **Compreensão do Mundo:**
   - A ciência nos ajuda a entender o mundo ao nosso redor, desde as leis que governam a natureza até o comportamento humano. Ela fornece uma base para o conhecimento que pode ser aplicado em várias áreas da vida.
2. **Avanços Tecnológicos:**

- o As descobertas científicas são frequentemente a base para inovações tecnológicas que transformam a sociedade, como a medicina moderna, a energia renovável, a comunicação digital e a inteligência artificial.
3. Tomada de Decisões:
   - o A ciência fornece informações e evidências que ajudam a orientar decisões em áreas como políticas públicas, saúde, meio ambiente e educação. O conhecimento científico é fundamental para resolver problemas complexos da sociedade.
4. Educação e Desenvolvimento:
   - o A educação científica promove o pensamento crítico e a capacidade de resolução de problemas, preparando indivíduos para enfrentar desafios e contribuir para a sociedade.

Conclusão: A ciência é uma abordagem sistemática e rigorosa para entender e explicar o mundo. Ela desempenha um papel vital em nosso desenvolvimento intelectual, tecnológico e social, fornecendo as ferramentas necessárias para a exploração, inovação e compreensão. A busca pelo conhecimento científico é um esforço coletivo que promove o progresso e a melhoria da condição humana.

12.2. Tecnologia

Tecnologia são os conhecimentos produzidos, adquiridos e acumulados pelas empresas e pelos centros de pesquisa ao longo do tempo. A pesquisa científica se subdivide em pesquisa básica (quando não diretamente voltada para atividades comerciais) e pesquisa aplicada (quando diretamente voltada para fins comerciais e lucrativos).

Tecnologia é o conjunto de conhecimentos, habilidades, métodos e técnicas que permitem a criação, desenvolvimento e aplicação de ferramentas, máquinas, sistemas e processos para resolver problemas, atender necessidades e melhorar a qualidade de vida. A tecnologia abrange uma ampla gama de áreas, desde a produção industrial e a informação até a saúde e a comunicação. Aqui estão os principais aspectos que definem a tecnologia:

Características da Tecnologia:

1. Integração de Conhecimento:
   - o A tecnologia combina conhecimentos científicos, empíricos e práticos para criar soluções. Isso envolve a aplicação de princípios da física, química, biologia e outras disciplinas para resolver problemas específicos.
2. Inovação:

- o A tecnologia é frequentemente associada à inovação, que é a introdução de novos produtos, serviços ou processos que melhoram a eficiência ou a eficácia. A inovação tecnológica pode resultar em novos dispositivos, métodos de produção ou sistemas de gestão.
3. **Ferramentas e Máquinas:**
   - o A tecnologia se manifesta em ferramentas, máquinas e equipamentos que facilitam a execução de tarefas. Isso inclui desde instrumentos simples, como martelos e chaves, até máquinas complexas, como robôs e computadores.
4. **Sistemas e Processos:**
   - o A tecnologia não se limita a objetos físicos; ela também envolve sistemas e processos organizacionais que otimizam a produção, distribuição e consumo de bens e serviços. Isso pode incluir software, redes de comunicação e sistemas de gestão.
5. **Interação Social:**
   - o A tecnologia impacta e é impactada por fatores sociais, culturais e econômicos. As escolhas tecnológicas são frequentemente moldadas por valores sociais, necessidades do mercado e questões éticas.
6. **Evolução Contínua:**
   - o A tecnologia está em constante evolução, impulsionada por novas descobertas, mudanças nas necessidades sociais e avanços em outras áreas do conhecimento. A evolução tecnológica pode gerar ciclos de obsolescência e renovação.

Importância da Tecnologia:

1. Melhoria da Qualidade de Vida:
   - o A tecnologia tem um papel crucial na melhoria da qualidade de vida, proporcionando acesso a melhores cuidados de saúde, educação, comunicação e entretenimento. Tecnologias médicas, como diagnósticos por imagem e tratamentos avançados, exemplificam isso.
2. Aumento da Produtividade:
   - o A tecnologia permite que empresas e indústrias aumentem sua produtividade e eficiência, reduzindo custos e melhorando a qualidade dos produtos e serviços. Isso é evidente em processos automatizados e no uso de inteligência artificial.
3. Resolução de Problemas:
   - o A tecnologia fornece soluções para problemas complexos, como a escassez de recursos, mudanças climáticas, gestão de resíduos e segurança alimentar. Inovações em energias renováveis e tecnologias de reciclagem são exemplos disso.
4. Conexão Global:

- o A tecnologia de comunicação e informação, como a internet e as redes sociais, conecta pessoas e comunidades em todo o mundo, facilitando o intercâmbio cultural, econômico e social.
5. Desenvolvimento Econômico:
   - o A tecnologia é um motor importante do crescimento econômico, gerando novas indústrias, empregos e mercados. O desenvolvimento de setores como tecnologia da informação e biotecnologia impulsiona a economia global.

Conclusão: A tecnologia é um componente essencial da sociedade moderna, moldando como vivemos, trabalhamos e interagimos. Sua capacidade de inovar e resolver problemas é fundamental para o progresso humano e o desenvolvimento sustentável. À medida que a tecnologia continua a evoluir, é importante considerar suas implicações sociais, éticas e ambientais para garantir que seus benefícios sejam amplamente compartilhados e que os desafios sejam abordados de maneira responsável.

12.3. Capital Humano

Capital humano são os conhecimentos e habilidades produzidos, adquiridos e acumulados pelos indivíduos ao longo do tempo.

Capital humano é um conceito econômico que se refere ao conjunto de habilidades, conhecimentos, experiências, talentos e saúde que os indivíduos possuem e que podem ser utilizados para aumentar a produtividade e a eficiência no trabalho. Esse conceito enfatiza a importância dos atributos e das capacidades humanas como fatores críticos para o crescimento econômico e o desenvolvimento de uma sociedade.

Características do Capital Humano:

1. Habilidades e Conhecimentos: O capital humano abrange tanto habilidades técnicas (como programação, operação de máquinas e análise financeira) quanto habilidades interpessoais (como comunicação, trabalho em equipe e liderança). O conhecimento adquirido por meio da educação formal, treinamento e experiência de trabalho contribui significativamente para o capital humano.
2. Educação e Formação: Investimentos em educação e formação profissional são fundamentais para o desenvolvimento do capital humano. Quanto maior o nível educacional e as qualificações de uma força de trabalho, maior sua capacidade de inovação e adaptação a novas tecnologias e processos.
3. Saúde e Bem-Estar: A saúde física e mental de um indivíduo é uma parte essencial do capital humano. Trabalhadores saudáveis tendem a ser mais produtivos, apresentar menos faltas e realizar melhor suas funções, enquanto problemas de saúde podem reduzir a capacidade produtiva.

4. Experiência: A experiência adquirida ao longo do tempo em diversas funções e ambientes de trabalho também contribui para o capital humano. A experiência permite que os trabalhadores desenvolvam habilidades práticas e conhecimentos contextuais que são valiosos para as organizações.
5. Inovação e Criatividade: O capital humano é um motor importante de inovação. Indivíduos com alto nível de capital humano são mais propensos a gerar novas ideias, produtos e processos, impulsionando o crescimento econômico.

Importância do Capital Humano:

1. Crescimento Econômico: O capital humano é um dos principais determinantes do crescimento econômico. Na medida em que os trabalhadores se tornam mais qualificados e produtivos, a economia como um todo se beneficia por meio de maior produção e eficiência.
2. Competitividade: Organizações e países com um capital humano forte são mais competitivos no mercado global. A capacidade de inovar e se adaptar rapidamente às mudanças do mercado depende do nível de habilidades e conhecimentos disponíveis.
3. Desigualdade e Mobilidade Social: O investimento em capital humano pode ajudar a reduzir desigualdades sociais e econômicas. A educação e a formação podem oferecer oportunidades para indivíduos de diferentes origens socioeconômicas, promovendo a mobilidade social.
4. Sustentabilidade: O desenvolvimento do capital humano é essencial para garantir a sustentabilidade das economias modernas, pois uma força de trabalho bem treinada e saudável é mais capaz de lidar com os desafios futuros, como as mudanças tecnológicas e as crises ambientais.

Conclusão: O capital humano é uma dimensão crítica do desenvolvimento econômico e social. Investir em educação, saúde e formação profissional é fundamental para construir uma força de trabalho capaz de enfrentar os desafios do futuro e contribuir para a prosperidade das organizações e sociedades.

12.4. Ciências Exatas

Ciências exatas são métodos para produzir, adquirir e acumular conhecimentos acerca do comportamento dos fenômenos naturais. Ciências exatas são as ciências que, a partir de teorias e do uso do instrumental matemático, produzem conceitos precisos, leis imutáveis no tempo e no espaço, estabelecendo relações constantes entre as variáveis estudadas. A física, a química e, sob certos aspectos, a economia são ciências exatas.

Ciências Exatas são um ramo do conhecimento científico que estuda fenômenos naturais e sociais utilizando métodos rigorosos, matemáticos e lógicos, buscando compreender e prever comportamentos e relações entre variáveis. Esse campo inclui disciplinas que se baseiam em conceitos quantitativos e que, geralmente, resultam em teorias, leis e modelos que podem ser testados e validados por meio de experimentação e observação.

Características das Ciências Exatas:

1. Objetividade:
   - As ciências exatas visam a eliminação de subjetividades e interpretações pessoais, buscando uma compreensão objetiva dos fenômenos. Os resultados são baseados em dados mensuráveis e verificáveis.
2. Método Científico:
   - O uso do método científico é fundamental, que envolve a formulação de hipóteses, a realização de experimentos, a coleta de dados e a análise estatística para validar ou refutar teorias. Esse processo garante a replicabilidade das descobertas.
3. Rigor Matemático:
   - A matemática desempenha um papel central nas ciências exatas, sendo utilizada para modelar fenômenos, fazer previsões e realizar análises quantitativas. Equações, funções e algoritmos são frequentemente empregados para descrever relações e padrões.
4. Precisão e Exatidão:
   - As ciências exatas buscam resultados precisos e exatos, minimizando erros de medição e interpretação. A exatidão dos dados é crucial para a validade das conclusões científicas.
5. Teorias e Leis:
   - As ciências exatas desenvolvem teorias e leis que explicam fenômenos observados. Por exemplo, as leis da física, como a Lei da Gravitação Universal, fornecem explicações precisas sobre as forças que atuam entre os corpos.
6. Experimentação:
   - A experimentação é uma ferramenta essencial para testar hipóteses e teorias. Através de experimentos controlados, os cientistas podem manipular variáveis e observar os resultados, permitindo uma análise aprofundada dos fenômenos estudados.

Exemplos de Ciências Exatas:

1. Matemática: Estudo de números, formas, padrões e estruturas, fornecendo a base para a análise quantitativa e o raciocínio lógico.
2. Física: Estudo das leis do movimento, energia, matéria e suas interações. A física abrange áreas como mecânica, termodinâmica, eletromagnetismo e física moderna.
3. Química: Estudo da composição, estrutura e propriedades da matéria, bem como das reações que ocorrem entre diferentes

substâncias. A química é fundamental para entender processos biológicos e industriais.

4. Astronomia: Estudo dos corpos celestes e do universo, utilizando métodos matemáticos e físicos para compreender fenômenos astronômicos.
5. Ciências da Computação: Estudo de algoritmos, estruturas de dados, programação e sistemas computacionais. A computação aplica princípios matemáticos e lógicos para resolver problemas práticos.
6. Estatística: Ciência que coleta, analisa e interpreta dados. A estatística é essencial para a pesquisa em diversas disciplinas, permitindo a validação de hipóteses e a análise de tendências.

Importância das Ciências Exatas:

1. Avanços Tecnológicos:
   o As ciências exatas são fundamentais para o desenvolvimento de novas tecnologias e inovações. As descobertas científicas levam a aplicações práticas que transformam a vida cotidiana e a indústria.
2. Compreensão do Mundo Natural:
   o As ciências exatas oferecem explicações sobre os fenômenos naturais, permitindo uma compreensão mais profunda do funcionamento do universo, desde as leis da física até as reações químicas.
3. Resolução de Problemas:
   o As ciências exatas fornecem ferramentas e métodos para resolver problemas complexos em diversas áreas, como saúde, meio ambiente, engenharia e economia.
4. Tomada de Decisões Informadas:
   o O conhecimento gerado pelas ciências exatas permite a formulação de políticas públicas e decisões informadas em questões que envolvem ciência e tecnologia.

Conclusão: As ciências exatas desempenham um papel crucial na busca pelo conhecimento e na compreensão do mundo. Seu enfoque rigoroso, baseado em evidências e raciocínio lógico, contribui para o avanço do conhecimento científico, a inovação tecnológica e a resolução de desafios complexos. A interação entre as ciências exatas e outras disciplinas é fundamental para promover um entendimento integrado e abrangente das questões que enfrentamos na sociedade contemporânea.

12.5. Ciências Sociais

Ciências sociais são métodos para produzir, adquirir e acumular conhecimentos acerca do comportamento dos grupos sociais. São ciências sociais as ciências que têm como objetivo central de estudo o comportamento humano em sociedade. As ciências sociais apresentam características mutáveis, como, por exemplo, o comportamento social ao longo do tempo. O direito, a economia, a psicologia, a pedagogia, a sociologia, a antropologia, a geografia, a história e a linguística, são ciências sociais.

Ciências Sociais são um conjunto de disciplinas acadêmicas que estudam o comportamento humano e as interações sociais em diferentes contextos. Essas disciplinas buscam compreender a sociedade, suas estruturas, instituições, culturas e dinâmicas, utilizando métodos empíricos e teóricos. As ciências sociais se diferenciam das ciências exatas por sua abordagem qualitativa e, frequentemente, por focarem em fenômenos sociais complexos que não podem ser facilmente quantificados.

Características das Ciências Sociais:

1. Estudo do Comportamento Humano:
   o As ciências sociais investigam como os indivíduos se comportam em grupo, como tomam decisões e como interagem uns com os outros. Isso inclui a análise de fatores psicológicos, sociais, culturais e econômicos.
2. Metodologia Variada:
   o As ciências sociais utilizam uma variedade de métodos de pesquisa, tanto qualitativos quanto quantitativos. Métodos qualitativos incluem entrevistas, observações e análises de conteúdo, enquanto métodos quantitativos envolvem questionários, estatísticas e experimentos.
3. Interdisciplinaridade:
   o As ciências sociais frequentemente se sobrepõem e interagem com outras disciplinas, como psicologia, antropologia, sociologia, ciência política, economia e história. Essa interconexão enriquece a compreensão dos fenômenos sociais.
4. Teorias e Conceitos:
   o As ciências sociais desenvolvem teorias e conceitos para explicar comportamentos e dinâmicas sociais. Por exemplo, teorias sobre a estratificação social, a construção social da realidade e o comportamento coletivo.
5. Foco em Contextos Culturais e Históricos:
   o As ciências sociais reconhecem que o comportamento humano é influenciado por contextos culturais e históricos. Portanto, a análise das práticas sociais é muitas vezes contextualizada em relação ao tempo e ao espaço.

Principais Disciplinas das Ciências Sociais:

1. Sociologia: Estuda a sociedade, as interações sociais, as instituições sociais e os grupos. A sociologia analisa como as estruturas sociais influenciam o comportamento humano.

2. Antropologia: Examina a diversidade cultural, as práticas sociais e as crenças dos grupos humanos. A antropologia busca entender como as culturas se desenvolvem e interagem.
3. Psicologia: Foca no comportamento individual e nos processos mentais. A psicologia investiga como as emoções, pensamentos e motivações influenciam as interações sociais.
4. Ciência Política: Estuda sistemas políticos, teorias do poder, comportamento político e instituições governamentais. A ciência política analisa como o poder é exercido e as consequências das decisões políticas.
5. Economia: Examina a produção, distribuição e consumo de bens e serviços. A economia analisa como os indivíduos e sociedades fazem escolhas sobre recursos escassos.
6. Geografia Humana: Estuda a relação entre as atividades humanas e o espaço geográfico. A geografia humana investiga como os ambientes físicos e sociais moldam as interações humanas.
7. História: Embora muitas vezes considerada uma disciplina à parte, a história é fundamental para as ciências sociais, pois analisa eventos passados e suas influências nas sociedades contemporâneas.

Importância das Ciências Sociais:

1. Compreensão da Sociedade:
   o As ciências sociais oferecem insights sobre como as sociedades funcionam, como as culturas se formam e como as interações sociais moldam a vida cotidiana.
2. Análise de Problemas Sociais:
   o Essas disciplinas ajudam a identificar, analisar e propor soluções para problemas sociais, como desigualdade, violência, pobreza, discriminação e mudanças culturais.
3. Desenvolvimento de Políticas Públicas:
   o O conhecimento gerado pelas ciências sociais é fundamental para a formulação de políticas públicas eficazes, informadas por evidências sobre o comportamento humano e as dinâmicas sociais.
4. Promoção da Cidadania Ativa:
   o As ciências sociais incentivam a conscientização sobre questões sociais e políticas, promovendo a cidadania ativa e a participação informada na vida pública.
5. Compreensão Intercultural:
   o O estudo das ciências sociais favorece a compreensão e o respeito pela diversidade cultural, contribuindo para a convivência pacífica entre diferentes grupos sociais.

Conclusão: As ciências sociais desempenham um papel crucial na compreensão das complexidades do comportamento humano e das interações sociais. Elas fornecem uma base teórica e empírica para analisar fenômenos sociais, informar decisões políticas e promover o entendimento intercultural. À medida que as sociedades enfrentam desafios contemporâneos, as ciências sociais são essenciais para entender e abordar as dinâmicas que moldam a vida em comunidade.

12.6. Ciências Econômicas

Ciências econômicas são métodos para produzir, adquirir e acumular conhecimentos acerca do comportamento das leis e dos fenômenos econômicos. A economia apresenta características tanto de uma ciência exata (lei da oferta e da procura sob condições competitivas), quanto de uma ciência social (comportamento mutável dos consumidores e dos empresários no mercado).

Ciências Econômicas são um ramo das ciências sociais que se dedica ao estudo da produção, distribuição e consumo de bens e serviços, bem como à análise dos comportamentos e decisões dos agentes econômicos, como indivíduos, empresas e governos. Esse campo busca entender como os recursos escassos são alocados e utilizados para atender às necessidades e desejos da sociedade. As ciências econômicas envolvem a análise teórica e empírica dos fenômenos econômicos e suas inter-relações, utilizando métodos quantitativos e qualitativos.

Características das Ciências Econômicas:

1. Estudo do Comportamento Humano:
   o As ciências econômicas investigam como os indivíduos e organizações tomam decisões econômicas, levando em consideração as limitações e incentivos que enfrentam. O comportamento do consumidor, por exemplo, é um aspecto central desse estudo.
2. Recursos Escassos:
   o A economia baseia-se na premissa de que os recursos são limitados em relação às necessidades humanas ilimitadas. Esse conceito de escassez leva à necessidade de escolha e à análise de trade-offs.
3. Modelos e Teorias:
   o As ciências econômicas desenvolvem modelos e teorias para explicar fenômenos econômicos. Esses modelos podem simplificar a realidade para entender melhor como diferentes variáveis interagem e afetam a economia.
4. Metodologia Variada:
   o As ciências econômicas utilizam uma variedade de métodos de pesquisa, incluindo análise estatística, experimentação, estudos de caso e modelagem matemática. A combinação de abordagens qualitativas e quantitativas é comum.
5. Interdisciplinaridade:
   o As ciências econômicas se sobrepõem a outras disciplinas, como sociologia, ciência política, psicologia e história. Essa interconexão é fundamental para entender a complexidade

dos fenômenos econômicos em contextos sociais mais amplos.

Principais Ramos das Ciências Econômicas:

1. Microeconomia: Estuda o comportamento de indivíduos e empresas na alocação de recursos. A microeconomia analisa questões como oferta e demanda, formação de preços, consumo e concorrência.
2. Macroeconomia: Examina a economia como um todo, focando em agregados econômicos, como PIB, inflação, desemprego e políticas fiscais e monetárias. A macroeconomia busca entender as forças que afetam a economia em larga escala.
3. Economia Internacional: Analisa as interações econômicas entre países, incluindo comércio internacional, investimentos, fluxos de capital e políticas econômicas globais. Estuda os efeitos da globalização sobre as economias nacionais.
4. Economia do Desenvolvimento: Investiga as condições econômicas, sociais e políticas que afetam o desenvolvimento econômico em países em desenvolvimento. Essa área busca entender como reduzir a pobreza e promover o crescimento sustentável.
5. Economia Comportamental: Examina como fatores psicológicos e sociais influenciam as decisões econômicas. Essa subárea integra insights da psicologia com a teoria econômica para explicar comportamentos que não se alinham com a lógica econômica tradicional.
6. Economia Ambiental: Estuda as interações entre a economia e o meio ambiente, analisando questões como poluição, uso sustentável de recursos naturais e políticas ambientais. Essa área busca soluções para problemas ecológicos, considerando os custos e benefícios econômicos.

Importância das Ciências Econômicas:

1. Compreensão dos Fenômenos Econômicos:
   o As ciências econômicas fornecem ferramentas para analisar e entender fenômenos econômicos complexos, como crises financeiras, flutuações do mercado e políticas públicas.
2. Tomada de Decisões Informadas:
   o O conhecimento econômico é essencial para a tomada de decisões, tanto em nível individual quanto em políticas públicas. As ciências econômicas oferecem uma base teórica para analisar as consequências de diferentes opções.
3. Formulação de Políticas Públicas:
   o As ciências econômicas desempenham um papel fundamental na formulação e avaliação de políticas públicas, informando governos e instituições sobre como maximizar o bem-estar social e a eficiência econômica.
4. Estudo da Desigualdade e Pobreza:

o A análise econômica é crucial para entender as causas e consequências da desigualdade e da pobreza, ajudando a desenvolver estratégias para promover a inclusão social e o desenvolvimento sustentável.

5. Promoção do Crescimento Econômico:

   o As ciências econômicas contribuem para identificar estratégias que incentivem o crescimento econômico, a inovação e a competitividade, beneficiando tanto a economia quanto a sociedade.

Conclusão: As ciências econômicas são essenciais para a compreensão e análise do funcionamento das economias modernas. Elas fornecem insights valiosos sobre como as sociedades utilizam recursos escassos para atender às suas necessidades e como as interações entre agentes econômicos moldam o bem-estar social. À medida que o mundo enfrenta desafios econômicos complexos, as ciências econômicas se tornam cada vez mais relevantes para orientar políticas e decisões que promovam um desenvolvimento econômico sustentável e inclusivo.

12.7. Ciências Jurídicas

Ciências Jurídicas são métodos para produzir, adquirir e acumular conhecimentos acerca do comportamento dos fenômenos jurídicos.

O Direito é uma ciência social, porque trata do comportamento do indivíduo em sociedade. Todavia, apresenta alguns princípios rígidos (a punição dos crimes cometidos, o respeito aos contratos, todos são iguais perante a lei) e alguns princípios flexíveis ou atenuantes às leis gerais (a luta pela sobrevivência como atenuante ao crime, a discriminação positiva e os contratos leoninos).

Ciências Jurídicas são um conjunto de disciplinas que estudam o Direito, suas normas, princípios, instituições e práticas, visando compreender e interpretar as relações sociais reguladas por regras jurídicas. Esse campo abrange a análise das leis, dos sistemas legais e das teorias do Direito, bem como a aplicação do conhecimento jurídico em diferentes contextos sociais, políticos e econômicos.

Características das Ciências Jurídicas:

1. Estudo do Direito:

   o As ciências jurídicas se concentram no estudo das normas que regem a convivência social, abordando tanto o direito positivo (o que está escrito nas leis) quanto o direito natural (princípios éticos e morais que orientam o Direito).

2. Interpretação e Aplicação das Normas:

   o A interpretação do Direito é uma parte crucial das ciências jurídicas, envolvendo a análise do significado e da aplicação das normas legais em casos concretos. Essa interpretação pode ser influenciada por contextos históricos, culturais e sociais.

3. Métodos de Pesquisa:
   o As ciências jurídicas utilizam métodos de pesquisa variados, incluindo análise de textos legais, jurisprudência, doutrina e estudos de caso. A abordagem pode ser tanto qualitativa quanto quantitativa, dependendo do foco da pesquisa.
4. Interdisciplinaridade:
   o As ciências jurídicas interagem com outras áreas do conhecimento, como sociologia, ciência política, filosofia, economia e psicologia. Essa interconexão é essencial para entender as complexidades das relações sociais e a evolução do Direito.
5. Normatividade:
   o O Direito é normativo, o que significa que estabelece regras que devem ser seguidas pela sociedade. As ciências jurídicas analisam a eficácia, a validade e a moralidade dessas normas, considerando sua aplicação e impacto na vida social.

Principais Ramos das Ciências Jurídicas:

1. **Direito Constitucional:** Estuda a Constituição de um país, suas normas e princípios fundamentais, abordando questões como direitos fundamentais, organização do Estado e divisão de poderes.
2. **Direito Civil:** Regula as relações entre indivíduos, abrangendo temas como contratos, responsabilidade civil, propriedade, família e sucessões. O direito civil é uma das áreas mais amplas do Direito.
3. **Direito Penal:** Trata das infrações e suas consequências, definindo o que é considerado crime, as penas aplicáveis e os princípios que regem a aplicação da justiça penal.
4. **Direito Administrativo:** Estuda as normas que regulam a atuação da Administração Pública e suas relações com os cidadãos. O direito administrativo aborda temas como licitações, contratos administrativos e controle da legalidade.
5. **Direito Tributário:** Examina as normas que regulam a arrecadação de tributos e as relações entre o fisco e os contribuintes, incluindo a análise de impostos, taxas e contribuições.
6. **Direito Internacional:** Estuda as normas que regem as relações entre Estados e organizações internacionais, abordando questões como tratados, direitos humanos e comércio internacional.
7. **Direito do Trabalho:** Regula as relações laborais, abordando temas como direitos dos trabalhadores, contratos de trabalho, segurança no trabalho e negociação coletiva.

Importância das Ciências Jurídicas:

1. **Promoção da Justiça:**

- o As ciências jurídicas são fundamentais para a promoção da justiça e da equidade na sociedade, garantindo que as normas legais sejam aplicadas de forma justa e imparcial.
2. Proteção dos Direitos Humanos:
   - o O estudo do Direito é essencial para a proteção e promoção dos direitos humanos, assegurando que as liberdades e garantias individuais sejam respeitadas.
3. Resolução de Conflitos:
   - o As ciências jurídicas oferecem mecanismos para a resolução de conflitos, como mediação, arbitragem e julgamento, contribuindo para a paz social e a estabilidade.
4. Desenvolvimento de Políticas Públicas:
   - o O conhecimento jurídico é crucial para a formulação e implementação de políticas públicas que atendam às necessidades da sociedade, promovendo o bem-estar social.
5. Estudo Crítico do Direito:
   - o As ciências jurídicas incentivam a reflexão crítica sobre as normas e instituições legais, promovendo debates sobre a eficácia, a moralidade e a justiça das leis.

Conclusão: As ciências jurídicas desempenham um papel vital na compreensão e interpretação do Direito, contribuindo para a construção de sociedades mais justas e equitativas. Por meio da análise das normas legais e de suas implicações sociais, as ciências jurídicas ajudam a orientar a prática do Direito e a promover a justiça nas relações sociais. À medida que as sociedades enfrentam novos desafios e transformações, o estudo das ciências jurídicas se torna cada vez mais relevante para garantir a proteção dos direitos e a efetivação da justiça.

12.8. Lei

Do ponto de vista científico, lei é uma relação constante entre fenômenos, válida em qualquer lugar e a qualquer tempo, sendo de aceitação universal.

A lei da oferta e da procura é um princípio válido sob condições de concorrência, estabelecendo que o preço dos bens é determinado no mercado pela livre interação entre as forças de oferta e as forças de demanda.

A Lei da Gravidade e a Teoria da Relatividade são exemplos de leis físicas ou naturais.

A lei é um conceito que possui diferentes definições e interpretações em diversas disciplinas do conhecimento, refletindo as particularidades de cada área. De forma geral, uma lei pode ser entendida como uma regra ou princípio que orienta ou regula comportamentos, fenômenos ou processos em um determinado contexto. A seguir, são apresentadas as definições de lei em diferentes disciplinas:

12.8.1. Lei Nas Ciências Jurídicas

Na área do Direito, a lei é uma norma jurídica que é promulgada por uma autoridade competente (geralmente um legislador) e que tem como objetivo regular a conduta dos indivíduos em uma sociedade. As principais características da lei no âmbito jurídico incluem:

- **Generalidade:** A lei é aplicada a todos os indivíduos ou situações que se enquadrem nas suas disposições.
- **Abstração:** A lei é formulada de forma a abranger categorias de comportamentos, não se aplicando a casos específicos.
- **Coercitividade:** A lei é acompanhada de sanções ou penalidades para aqueles que não a cumprirem.
- **Publicação:** Para ser válida, a lei deve ser divulgada publicamente, garantindo que todos tenham conhecimento de suas disposições.

Exemplo: No Brasil, a Constituição Federal é a lei suprema do país, estabelecendo os princípios fundamentais que regem a sociedade e os direitos dos cidadãos.

12.8.2. Lei Nas Ciências Naturais

Nas ciências naturais, a lei é uma descrição quantitativa e geralmente universal de um fenômeno observado. As leis científicas são formuladas com base em experimentação e observação sistemática e são frequentemente expressas por meio de equações matemáticas. Características incluem:

- **Universalidade:** As leis científicas se aplicam a todos os casos que se enquadram nas condições estabelecidas.
- **Repetibilidade:** Os experimentos que corroboram a lei podem ser reproduzidos por outros pesquisadores.
- **Predição:** As leis científicas permitem prever o comportamento de fenômenos em condições semelhantes.

Exemplo: A Lei da Gravitação Universal de Newton descreve a força de atração entre dois corpos com massa, sendo uma relação fundamental na física.

12.8.3. Lei Na Matemática

Na matemática, uma lei pode referir-se a um princípio ou regra que descreve uma relação entre variáveis ou expressões matemáticas. As leis matemáticas são utilizadas para resolver problemas e demonstrar teoremas. Características incluem:

- **Definição Precisa:** As leis são expressas em termos rigorosos e podem ser provadas dentro do sistema matemático.

- **Aplicação em Contextos Variados**: As leis podem ser utilizadas em diferentes áreas da matemática, como álgebra, geometria e cálculo.

Exemplo: A Lei dos Exponentes estabelece regras para a multiplicação e divisão de potências.

12.8.4. Lei Nas Ciências Sociais

Nas ciências sociais, uma lei pode ser entendida como um princípio que descreve padrões de comportamento social ou tendências observadas em grupos humanos. No entanto, essas "leis" podem ser menos rígidas do que nas ciências naturais e podem incluir variáveis complexas. Características incluem:

- **Observação de Padrões**: As leis sociais são frequentemente baseadas em estudos empíricos que identificam tendências ou regularidades no comportamento humano.
- **Influência de Fatores Contextuais**: As leis sociais podem ser influenciadas por fatores culturais, históricos e econômicos.

Exemplo: A Lei de Engels, que afirma que, à medida que a renda aumenta, a proporção da renda gasta em alimentos diminui, embora o gasto absoluto possa aumentar.

12.8.5. Lei Na Filosofia

Na filosofia, a lei é muitas vezes discutida em relação a conceitos éticos e morais, podendo referir-se a normas que orientam a conduta humana em termos de justiça e moralidade. Características incluem:

- **Normatividade**: As leis filosóficas podem não ser codificadas, mas representam princípios que deveriam guiar o comportamento humano.
- **Reflexão Crítica**: A filosofia analisa e questiona a validade e a justiça das leis existentes, considerando dilemas éticos.

Exemplo: A Lei Moral, proposta por Kant, sugere que os indivíduos devem agir de acordo com máximas que possam ser universalizadas.

Conclusão: A lei, em suas diversas manifestações, é um conceito fundamental que permeia diferentes disciplinas do conhecimento. Seja como norma jurídica, princípio científico, regra matemática ou diretriz filosófica, as leis desempenham um papel essencial na organização e compreensão da realidade, orientando comportamentos, descrevendo fenômenos e fundamentando práticas. A análise das leis em cada campo do saber revela a complexidade das relações e regularidades que moldam tanto o mundo natural quanto as interações humanas.

13.   Economia e Demais Ciências

Assume-se que há uma forte relação entre a economia e outras ciências. Tomando-se como ponto de partida a realidade a ser observada (no caso, o fenômeno econômico), qualquer que seja ela, existem diferentes visões que podem ser aplicadas sobre ela, a saber:

a) Visão econômica.

b) Visão jurídica.

c) Visão histórica.

d) Visão política.

e) Visão filosófica.

f) Visão geográfica.

g) Visão religiosa.

h) Visão demográfica.

i) Visão administrativa.

j) Visão sociológica.

k) Visão científico-matemática.

l) Visão estatística.

m) Visão popular.

A relação entre a economia e outras ciências é complexa e multifacetada, refletindo a natureza interdisciplinar da economia como uma disciplina. A seguir, apresento uma análise abrangente dessa relação, destacando como a economia interage com diversas áreas do conhecimento.

13.1. Economia e Ciências Exatas

A economia utiliza métodos e ferramentas das ciências exatas, como matemática e estatística, para modelar e analisar fenômenos econômicos.

- Matemática: A matemática fornece as bases para o desenvolvimento de modelos econômicos que representam relações entre variáveis, como a oferta e a demanda. As equações matemáticas são usadas para descrever comportamentos econômicos, otimização de recursos e análise de risco.
- Estatística: A estatística é fundamental para a coleta, análise e interpretação de dados econômicos. Técnicas estatísticas são

usadas para testar hipóteses, realizar análises de regressão e prever tendências econômicas.

13.2. Economia e Ciências Sociais

A economia é muitas vezes considerada uma das ciências sociais, e suas interações com outras disciplinas nessa categoria são significativas.
- Sociologia: A sociologia estuda as interações sociais, normas e comportamentos humanos, que influenciam as decisões econômicas. A análise de grupos sociais, classe social e cultura pode fornecer insights sobre o comportamento do consumidor e a estrutura de mercado.
- Psicologia: A psicologia econômica examina como fatores psicológicos influenciam decisões econômicas. Compreender os vieses cognitivos e comportamentos dos indivíduos pode ajudar a explicar por que as pessoas tomam decisões aparentemente irracionais.
- Ciência Política: A economia política estuda como o poder político e as instituições influenciam a economia. As políticas governamentais, a regulação econômica e a distribuição de recursos são questões interligadas entre as duas disciplinas.

13.3. Economia e Ciências Naturais

As ciências naturais também têm um papel importante na economia, especialmente no que diz respeito à sustentabilidade e ao uso de recursos naturais.
- Ecologia: A ecologia e a economia ambiental se cruzam na análise de como as atividades econômicas afetam o meio ambiente. O estudo da relação entre crescimento econômico e degradação ambiental é crucial para o desenvolvimento sustentável.
- Geografia: A geografia econômica analisa como a localização e o ambiente físico influenciam a economia. A distribuição de recursos naturais, infraestrutura e características regionais afetam o desenvolvimento econômico e a urbanização.

13.4. Economia e Ciências Administrativas

As ciências administrativas, especialmente a gestão e o marketing, estão intrinsecamente ligadas à economia.
- Administração: O estudo da teoria organizacional e da gestão de recursos humanos e financeiros se baseia em princípios econômicos. A alocação eficiente de recursos e a análise de custos são aspectos fundamentais da gestão empresarial.
- Marketing: A economia fornece a base para entender o comportamento do consumidor e o funcionamento dos mercados. As técnicas de pesquisa de mercado e a análise de preços são influenciadas por conceitos econômicos.

13.5. Economia e Filosofia

A economia também se relaciona com a filosofia, especialmente em áreas que envolvem ética e justiça social.
- Filosofia Política: Discute questões de justiça distributiva, equidade e o papel do estado na economia. Questões sobre como distribuir recursos de maneira justa e quais são os direitos econômicos dos indivíduos são centrais para essa interseção.
- Ética: A ética econômica examina os dilemas morais associados às decisões econômicas, como o impacto das políticas públicas sobre diferentes grupos sociais e a responsabilidade social das empresas.

13.6. Economia e História

A história econômica analisa como os eventos históricos influenciam os sistemas econômicos e as decisões econômicas.

- História Econômica: Estuda a evolução dos sistemas econômicos ao longo do tempo, analisando como guerras, crises e mudanças políticas moldaram as economias. Essa disciplina ajuda a entender a formação de instituições econômicas e políticas.

Conclusão: A economia é uma disciplina interdisciplinar que se relaciona de maneira significativa com diversas áreas do conhecimento. A interação com ciências exatas, sociais, naturais, administrativas, filosofia e história permite uma compreensão mais ampla e profunda dos fenômenos econômicos. Essa abordagem integrada é essencial para abordar questões complexas e multifacetadas, como a desigualdade, a sustentabilidade ambiental e as políticas econômicas. A colaboração entre a economia e outras disciplinas é fundamental para o desenvolvimento de soluções eficazes para os desafios contemporâneos que as sociedades enfrentam.

"Um fato nunca é exclusivamente ou puramente econômico; outros aspectos – e frequentemente mais importantes – sempre existem."

Joseph Schumpeter (1883-1950), The Theory of Economic Development, Harvard University Press, 1936, p.3.

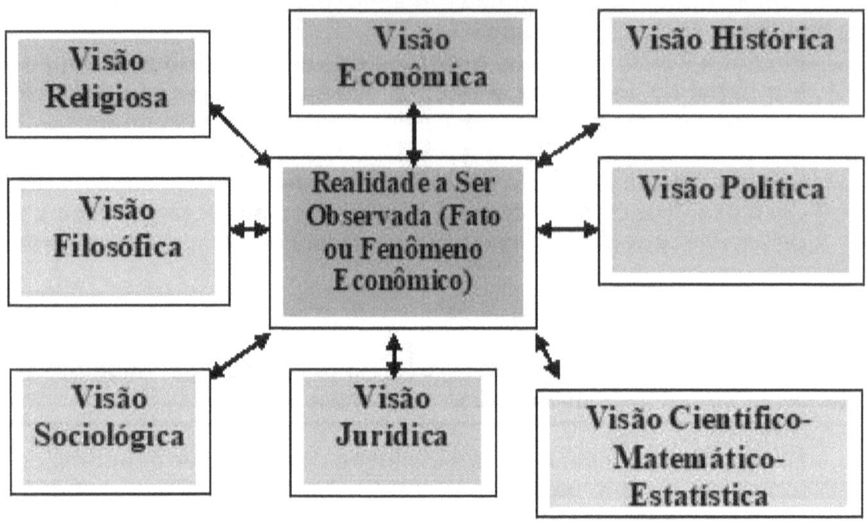

13.7. RELAÇÃO ENTRE A ECONOMIA E O DIREITO

Há uma interação entre a Economia e as demais ciências. Em particular, há uma forte relação entre Economia e Direito. Os contratos são o principal elo comum, dado que todo ato jurídico tem implicações econômicas e vice-versa. Algumas características importantes dessa relação são:

a) Ambos, a economia e o direito, pertencem ao ramo das ciências sociais: o ser humano é seu objeto central.

b) Os princípios filosóficos da Economia Normativa e do Direito como elo comum (Moral, Ética, Justiça, Equidade, Liberdade, Igualdade).

c) Os planos econômicos requerem a necessária validação jurídica dos contratos.

d) A estrutura jurídica dos Direitos do Consumidor: o ato de comprar e vender tem implicações econômicas e jurídicas.

e) Os direitos econômicos constitucionais: os direitos e deveres dos cidadãos têm implicações econômicas (direito à moradia, direito à educação, direito à saúde etc.).

f) Os direitos trabalhistas têm profundas implicações econômicas, processo que se desenvolveu com o surgimento do Estado de Bem-Estar Social a partir dos anos 1930s.

g) O Direito Econômico: surge com a concentração econômica capitalista ao final do século XIX e a necessidade de regular o poder econômico e defender a concorrência e se desenvolve com a crescente participação estatal nos assuntos econômicos a partir dos anos 1930s.

h) O Direito Tributário: a economia define os gastos do governo e suas implicações econômicas (Finanças Públicas). O direito define as normas e os princípios tributários e as características dos tributos que vão financiar os gastos públicos. O crescimento da atuação do Estado a partir dos anos 1930s criou a necessidade de se gerar fontes de financiamento crescentes, onde os tributos são a principal fonte.

i) O Direito Empresarial define a organização jurídica das empresas e das atividades econômicas.

j) O Direito Administrativo define a organização administrativa do Estado.

A relação entre economia e direito é complexa e multifacetada, refletindo a interdependência dessas duas disciplinas nas sociedades modernas. Ambas desempenham papéis fundamentais na organização da vida social, influenciando a forma como os indivíduos interagem, como as instituições funcionam e como as decisões são tomadas. A seguir, apresento uma análise abrangente dessa relação, explorando suas várias facetas.

13.7.1. Interdependência Fundamental

A economia e o direito são interdependentes, pois as normas jurídicas influenciam a atividade econômica e, por sua vez, as condições econômicas moldam o desenvolvimento do direito. Essa interdependência se manifesta em várias áreas:

- Regulação Econômica: O direito estabelece as regras que governam as transações econômicas, incluindo contratos, propriedade, concorrência e proteção ao consumidor. As leis e regulamentos criam um ambiente estável para as atividades econômicas, promovendo a confiança entre os agentes econômicos.
- Impacto Econômico das Normas Jurídicas: As leis podem afetar diretamente a eficiência econômica, a alocação de recursos e o comportamento dos indivíduos. Por exemplo, a legislação tributária pode incentivar ou desincentivar o investimento em determinados setores, enquanto as leis de propriedade intelectual influenciam a inovação e o desenvolvimento de novos produtos.

13.7.2. Direito como Instrumento Econômico

O direito serve como um instrumento para a promoção de objetivos econômicos, facilitando a coordenação entre os agentes econômicos e a resolução de conflitos. Algumas funções do direito nesse contexto incluem:

- **Proteção de Direitos:** O direito protege os direitos de propriedade, essenciais para o funcionamento eficaz dos mercados. A segurança jurídica em relação à propriedade incentiva o investimento e a criação de capital.
- **Resolução de Conflitos:** O sistema jurídico oferece mecanismos para a resolução de disputas, reduzindo a incerteza nas transações econômicas. A disponibilidade de meios legais para resolver conflitos ajuda a criar um ambiente de negócios mais previsível.
- **Promoção da Concorrência:** As leis antitruste e de concorrência visam promover um ambiente de competição saudável, evitando práticas monopolistas e garantindo que os consumidores tenham acesso a uma variedade de produtos e serviços a preços justos.

13.7.3. Análise Econômica do Direito (AED)

A Análise Econômica do Direito é uma abordagem que aplica princípios econômicos à análise de normas jurídicas. Essa perspectiva considera as consequências econômicas das leis e como essas consequências podem ser usadas para avaliar e melhorar a eficácia das normas. Algumas características dessa abordagem incluem:

- **Eficiência:** A AED busca entender se as leis promovem a alocação eficiente de recursos. Uma norma é considerada eficiente se maximiza o bem-estar social, ou seja, se os benefícios superam os custos.
- **Custo-Benefício:** A AED utiliza análises de custo-benefício para avaliar a eficácia das regulamentações e leis, considerando os efeitos econômicos diretos e indiretos de uma norma.
- **Comportamento dos Agentes:** A AED analisa como as leis influenciam o comportamento dos indivíduos e das empresas, considerando que as pessoas tomam decisões com base em incentivos econômicos.

13.7.4. Direito e Desenvolvimento Econômico

A relação entre direito e desenvolvimento econômico é um campo de estudo que examina como as instituições jurídicas influenciam o crescimento econômico e a prosperidade. Fatores relevantes incluem:

- **Instituições Jurídicas Fortes:** A existência de instituições jurídicas fortes e independentes é fundamental para promover o desenvolvimento econômico. Países com sistemas jurídicos que garantem a proteção dos direitos de propriedade, o Estado de Direito e a igualdade perante a lei tendem a ter um crescimento econômico mais robusto.

- Reformas Legais: A reforma de instituições jurídicas pode ser uma estratégia eficaz para promover o desenvolvimento econômico. A modernização das leis, a simplificação de processos legais e a promoção da transparência são medidas que podem estimular o ambiente de negócios.
- Efeito da Corrupção: A corrupção no sistema jurídico pode prejudicar o desenvolvimento econômico, uma vez que cria incertezas e distorce a alocação de recursos. A promoção da integridade e da transparência nas instituições jurídicas é essencial para o crescimento sustentável.

13.7.5. Desafios e Oportunidades

A relação entre economia e direito enfrenta desafios e oportunidades em um mundo em constante mudança:

- Globalização: A globalização apresenta novos desafios para o direito e a economia, pois as normas jurídicas precisam se adaptar a um ambiente econômico interconectado. Questões como comércio internacional, investimentos estrangeiros e regulação financeira transcendem fronteiras e requerem uma abordagem coordenada.
- Mudanças Tecnológicas: A rápida evolução da tecnologia, como a digitalização e o uso de inteligência artificial, desafia as normas jurídicas existentes e exige adaptações. O direito deve encontrar formas de regulamentar inovações tecnológicas enquanto promove a competitividade e a proteção dos direitos dos consumidores.
- Desigualdade Econômica: A relação entre direito e economia também está ligada à questão da desigualdade. As leis podem perpetuar ou mitigar a desigualdade econômica, dependendo de como são estruturadas e aplicadas. O desafio é criar um ambiente jurídico que promova a equidade e o acesso a oportunidades econômicas para todos.

Conclusão: A relação entre economia e direito é fundamental para a compreensão do funcionamento das sociedades modernas. Ambas as disciplinas se entrelaçam de maneiras complexas, influenciando-se mutuamente em diversos contextos. A análise da interdependência entre essas áreas revela como normas jurídicas podem impactar a atividade econômica e como as condições econômicas moldam o desenvolvimento do direito. Em um mundo em constante transformação, a adaptação das instituições jurídicas às dinâmicas econômicas emergentes é crucial para promover o crescimento sustentável, a justiça social e o bem-estar da sociedade como um todo.

13.7.6. Consequências Econômicas das Decisões Jurídicas

As decisões jurídicas têm impactos profundos sobre a economia, influenciando a alocação de recursos, o comportamento dos agentes econômicos e a estrutura do mercado. Uma análise completa e exaustiva das consequências econômicas dessas decisões pode ser feita sob diferentes prismas, incluindo efeitos diretos e indiretos, curto e longo prazo, e setores econômicos específicos. Vamos desdobrar isso em alguns aspectos principais:

1. Segurança Jurídica e Previsibilidade

A segurança jurídica é um dos pilares mais importantes para o bom funcionamento da economia. Decisões jurídicas que garantem a previsibilidade nas relações contratuais, na aplicação de leis e na interpretação de normas são essenciais para atrair investimentos. Empresas e investidores buscam ambientes onde possam prever os riscos jurídicos de suas decisões.

Consequências Econômicas:

- **Atração de Investimentos:** Países ou regiões com maior segurança jurídica tendem a atrair mais investimentos estrangeiros diretos (IED), pois os investidores sentem-se mais confortáveis em alocar capital em ambientes previsíveis.
- **Redução do Custo de Capital:** A incerteza jurídica pode aumentar o risco percebido pelos investidores, o que eleva o custo de capital (juros) para empresas, dificultando a captação de recursos.
- **Estabilidade do Mercado:** A previsibilidade evita volatilidades excessivas em mercados financeiros e no setor produtivo.

2. Proteção de Direitos de Propriedade

Decisões jurídicas que afetam a proteção dos direitos de propriedade impactam diretamente o comportamento econômico dos indivíduos e das empresas. Uma legislação que defende fortemente a propriedade privada tende a incentivar o empreendedorismo e a inovação, enquanto a incerteza sobre esses direitos pode inibir atividades produtivas.

Consequências Econômicas:

- **Inovação e Crescimento Econômico:** Proteção robusta aos direitos de propriedade intelectual, como patentes e marcas, estimula a inovação, pois os inventores e empresas sabem que suas criações serão protegidas.
- **Investimentos de Longo Prazo:** A confiança de que os ativos não serão expropriados ou sujeitos a regulações arbitrárias incentiva o investimento em setores que requerem grande capital de longo prazo, como infraestrutura, energia e indústria pesada.
- **Mercados Imobiliários e Agrícolas:** Decisões que favorecem a clareza sobre a titularidade da terra e o direito de posse tendem a aquecer mercados imobiliários e agrícolas, aumentando a produtividade no uso de ativos fixos.

3. Custos de Conformidade e Regulação

Decisões jurídicas afetam diretamente o ambiente regulatório e o custo de conformidade para empresas. Regulações excessivas, mesmo que criadas com boas intenções, podem impor custos significativos para as empresas, reduzindo sua competitividade e inovação.

Consequências Econômicas:

- **Burocracia e Custos Operacionais:** Regulações complexas e decisões que aumentam o custo de cumprimento legal podem gerar ineficiências. Empresas precisam gastar mais em compliance, o que pode prejudicar sua capacidade de competir em mercados globais.
- **Efeitos sobre Pequenas Empresas:** Decisões que criam custos fixos elevados de conformidade tendem a afetar desproporcionalmente pequenas e médias empresas, que possuem menos recursos para absorver esses custos.
- **Setores Fortemente Regulados:** Decisões judiciais que estabelecem normas rigorosas em setores como o financeiro, saúde e ambiental podem ter efeitos mistos, como maior segurança para os consumidores, mas também um aumento no custo dos produtos e serviços.

4. Direito do Trabalho e Mercado de Trabalho

As decisões relacionadas ao direito do trabalho moldam a dinâmica do mercado de trabalho, afetando tanto a oferta quanto a demanda por empregos. As políticas que protegem os direitos dos trabalhadores (como salários-mínimos, condições de trabalho e leis de demissão) têm impactos significativos sobre a economia.

Consequências Econômicas:

- **Custo de Mão de Obra:** Decisões que favorecem os trabalhadores em questões como aumento do salário-mínimo ou proteções contra demissões podem aumentar o custo da mão de obra, influenciando a competitividade das empresas.
- **Produtividade e Bem-estar Social:** Em contrapartida, trabalhadores com mais segurança e melhores condições de trabalho tendem a ser mais produtivos e a contribuir para uma maior demanda agregada, já que têm maior poder de compra.
- **Mercado de Trabalho Informal:** Regulamentações trabalhistas muito rígidas podem levar a uma expansão do mercado de trabalho informal, uma vez que as empresas buscam escapar dos altos custos associados à contratação formal.

5. Litígios e o Custo da Justiça

O tempo e o custo associados aos litígios judiciais podem impactar profundamente o ambiente de negócios. Decisões que influenciam a rapidez e a eficácia do sistema judicial são fundamentais para a economia.

Consequências Econômicas:

- **Eficiência do Mercado:** Um sistema judicial que funciona rapidamente e resolve disputas de forma eficiente aumenta a confiança nas transações de mercado. Um sistema lento, por outro lado, gera incertezas e custos adicionais para as partes envolvidas.
- **Custo de Oportunidade:** Litígios longos e caros desviam recursos que poderiam ser usados de maneira mais produtiva na economia. Empresas e indivíduos perdem tempo e dinheiro resolvendo disputas, o que reduz a eficiência econômica.
- **Judicialização Excessiva:** Decisões judiciais que incentivam a judicialização de questões econômicas podem levar a um congestionamento dos tribunais, retardando ainda mais a resolução de disputas e aumentando os custos sistêmicos.

6. Regulação de Mercados e Concorrência

As decisões jurídicas que regulam os mercados e promovem ou limitam a concorrência têm consequências econômicas diretas, tanto em termos de preço quanto de qualidade dos bens e serviços oferecidos.

Consequências Econômicas:

- **Competitividade e Monopólios:** Decisões que limitam práticas monopolistas tendem a aumentar a competitividade do mercado, reduzindo preços para os consumidores e estimulando a inovação. Por outro lado, a falha em regular adequadamente monopólios pode levar a preços elevados e ineficiência.
- **Barreiras de Entrada:** Decisões que criam barreiras de entrada, como regulações excessivas ou requisitos legais, podem impedir a entrada de novos concorrentes em mercados, prejudicando a inovação e a oferta de serviços.
- **Preços e Acessibilidade:** A regulação de preços em setores essenciais, como energia, saúde e telecomunicações, afeta diretamente o acesso dos consumidores a esses serviços. Decisões judiciais que interferem nesses mercados podem ter repercussões amplas na economia.

7. Efeitos Sistêmicos de Grandes Decisões Jurídicas

Grandes decisões judiciais, especialmente aquelas proferidas por tribunais superiores ou cortes constitucionais, podem ter efeitos sistêmicos sobre a economia. Essas decisões frequentemente estabelecem precedentes que afetam o comportamento de empresas, consumidores e governos.

Consequências Econômicas:

- **Mudanças Abruptas no Mercado:** Decisões que alteram drasticamente a interpretação de uma lei ou norma podem provocar ajustes rápidos no comportamento das empresas e dos mercados, levando a volatilidades ou mudanças abruptas em preços e práticas de negócios.
- **Impacto em Políticas Públicas:** Decisões judiciais que restringem ou orientam políticas públicas (como no caso de políticas fiscais ou ambientais) têm o poder de afetar setores inteiros da economia, especialmente quando envolvem gastos públicos ou regulamentações ambientais.
- **Internacionalização de Litígios:** Com a globalização, decisões jurídicas em um país podem influenciar a regulamentação e o comportamento de empresas multinacionais. Litígios internacionais e arbitragem também podem ter efeitos econômicos transfronteiriços.

Conclusão: As consequências econômicas das decisões jurídicas são complexas e multifacetadas, afetando diversos aspectos da economia, desde o ambiente regulatório até a confiança dos investidores. A segurança jurídica, a proteção dos direitos de propriedade e a eficiência do sistema judicial são elementos cruciais para o bom funcionamento da economia de mercado. Decisões judiciais podem tanto promover o crescimento econômico quanto inibi-lo, dependendo de como impactam a estrutura regulatória, os custos empresariais e a dinâmica do mercado. Um sistema jurídico eficiente, transparente e justo é, portanto, um dos alicerces fundamentais para o desenvolvimento econômico sustentável e equilibrado.

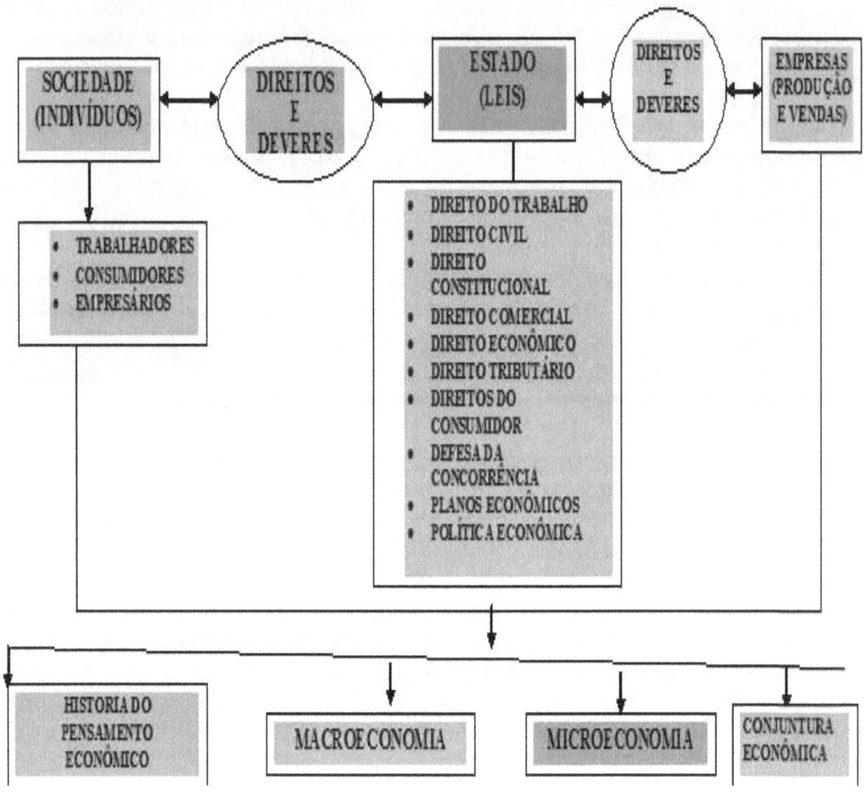

14.　Economia Positiva e Economia Normativa

A classificação da ciência econômica em ciência positiva ("<u>o que é</u>") e em ciência normativa ou reguladora ("<u>o que deve ser</u>") foi feita pela primeira vez por J.N.Keynes (1891, pp.34-36) que vem a ser o pai do grande economista John Maynard Keynes (1888-1946).

14.1. Economia Positiva ou Economia Descritiva: pretende descrever e entender o funcionamento do sistema econômico e explicar o mundo como ele realmente é e as forças que interagem para modificá-lo. Analisa o que é, era ou será, sendo relacionado com a economia enquanto Ciência e a formulação de teorias econômicas. Portanto, a economia positiva não admite julgamento de valor, sendo restrita a uma visão científica e real do mundo.

Exemplos de princípios de economia positiva:

a) Numa economia competitiva, os preços são determinados no mercado pela livre interação entre as forças de demanda e as forças de oferta.

b) Estudo constata que a distribuição de renda no Brasil é concentrada nos 5% mais ricos da população.

c) A taxa de inflação em agosto foi 1,4%.

d) O salário-mínimo no Brasil é de $ 1.500,00.

O uso de princípios filosóficos gerais (igualdade, equidade, moralidade) ou juízos de valor não tem lugar na teoria econômica positiva. Por exemplo, no contexto de uma economia de mercado a perseguição de igual distribuição de renda não é objetivo da economia positiva, uma vez que implica um processo distributivo que nega o livre funcionamento do mercado.

14.2. Economia Normativa ou Economia do Bem-Estar Social: analisa como o mundo deveria ser. Implica em juízos de valor e suas relações com os sistemas jurídico, cultural, religioso, político, filosófico. A economia normativa faz recomendações quanto aos objetivos da política econômica, de modo a interferir com a realidade, em busca da melhoria do bem-estar da sociedade. Em especial, a economia normativa se preocupa com a distribuição de renda, buscando resultados mais equitativos. A economia normativa visa a intervenção sobre a realidade visando melhorá-la.

Exemplos de princípios da economia normativa:

a) Estudo propõe a taxação da riqueza no Brasil, taxando-se o patrimônio pessoal acima de $ 10 milhões, de modo a melhorar a distribuição de renda no País.

b) O governo deveria reduzir a taxa de inflação.

c) O governo deveria criar empregos para reduzir a violência.

d) O salário-mínimo no Brasil deveria ser de $ 1.000,00.

Podemos utilizar o problema da fixação do salário-mínimo para contrapor alguns argumentos da economia normativa e da economia positiva.

Argumentos da economia positiva contra o aumento do salário-mínimo:

a) Pode provocar inflação;

b) Pode provocar desemprego;

c) Quebra a previdência social;

d) Quebra as pequenas prefeituras.

Argumentos da economia normativa a favor do aumento do salário-mínimo:

a) Melhora a distribuição de renda;

b) Leva a melhor equilíbrio social;

c) Aumenta a demanda agregada;

d) Reduz a violência;

e) O salário-mínimo atual não é suficiente para sustentar uma família com dignidade.

Em termos gerais, numa visão política, podemos dizer que a economia normativa fornece os argumentos para levar determinado partido ao poder, enquanto a economia positiva limita o exercício do poder, mostrando os limites do possível em termos das políticas a serem executadas pelo governo.

15. O Problema da Escolha e o Princípio da Escassez

A escassez dos recursos e as necessidades ilimitadas do homem levam ao problema da escolha do que produzir, como produzir, quanto produzir e para quem produzir. Ou seja, chega-se ao problema da alocação dos recursos. As necessidades humanas sendo ilimitadas e os recursos (bens) disponíveis sendo escassos, chegamos aos quatro problemas econômicos básicos:

O que produzir?

Quanto produzir?

Como produzir?

Para quem produzir?

Portanto, o problema da escassez leva à necessidade de se fazer escolhas. Muitas dessas escolhas são, necessariamente, feitas mais a nível político do que a nível econômico.

A relação entre o problema da escolha e o princípio da escassez é fundamental para a compreensão dos fundamentos da economia e do comportamento humano. Esses conceitos são interligados e se influenciam mutuamente, revelando como indivíduos e sociedades lidam com recursos limitados em face de necessidades e desejos ilimitados. A seguir, apresento uma análise detalhada dessa relação.

15.1. Definição dos Conceitos Princípio da Escassez e Problema da Escolha

Princípio da Escassez: O princípio da escassez afirma que os recursos disponíveis para a satisfação das necessidades humanas são limitados em relação a esses desejos. Isso significa que, em uma sociedade, a quantidade de bens, serviços e recursos naturais é insuficiente para atender a todas as demandas de todos os indivíduos, levando à necessidade de escolha.

Problema da Escolha: O problema da escolha surge porque, devido à escassez, os indivíduos e as sociedades devem decidir como alocar seus recursos limitados entre várias opções disponíveis. Esse processo de escolha envolve trade-offs, onde a decisão de adquirir um bem ou serviço implica renunciar a outros que poderiam ter sido adquiridos.

15.2. A Interconexão Entre Escassez e Escolha

A escassez e o problema da escolha estão intrinsecamente relacionados, e a análise dessa relação pode ser feita a partir de várias perspectivas:

a. Decisão Racional

A escassez força os indivíduos a tomarem decisões racionais sobre como utilizar seus recursos de forma a maximizar seu bem-estar. A escolha racional envolve a avaliação dos custos e benefícios de diferentes opções disponíveis. Assim, a escassez exige que os indivíduos considerem o que é mais valioso para eles em um dado momento e façam escolhas informadas.

b. Custo de Oportunidade

A escassez implica que cada escolha tem um custo de oportunidade, que é o valor da melhor alternativa não escolhida. Quando um indivíduo decide gastar seu tempo ou dinheiro em uma opção, ele renuncia a outras oportunidades. Essa ideia é central na análise econômica, pois ajuda a entender como as pessoas avaliam suas opções em um mundo limitado.

c. Distribuição de Recursos

A escassez não se aplica apenas a indivíduos, mas também a sociedades. Quando um governo ou uma organização enfrenta recursos limitados, deve decidir como alocá-los para atender às necessidades da população. Isso envolve escolhas políticas, sociais e econômicas, refletindo os valores e prioridades da sociedade. A escassez leva a debates sobre justiça, equidade e eficiência na distribuição de recursos.

15.3. Implicações da Escassez para a Escolha

As limitações impostas pela escassez têm várias implicações para o processo de escolha:

a. Prioridades e Necessidades

A escassez obriga os indivíduos a priorizarem suas necessidades e desejos. Quando os recursos são limitados, as pessoas precisam decidir o que é mais importante para elas, resultando em escolhas que refletem suas preferências pessoais. Isso também se aplica em nível macroeconômico, onde as sociedades devem decidir quais setores econômicos priorizar.
b. Inovação e Eficiência

A escassez pode incentivar a inovação e a busca por eficiência. Quando os recursos são escassos, as pessoas e as empresas buscam maneiras de maximizar a utilização desses recursos, levando ao desenvolvimento de novas tecnologias, métodos de produção e soluções criativas. A concorrência por recursos limitados estimula a eficiência econômica.

c. Conflitos e Dilemas Éticos

A escassez pode gerar conflitos entre diferentes grupos que competem por recursos limitados. As escolhas que uma sociedade faz em relação à alocação de recursos podem resultar em dilemas éticos, especialmente quando se trata de questões como pobreza, desigualdade e acesso a serviços essenciais. O debate sobre a melhor maneira de distribuir recursos escassos é uma questão central nas políticas públicas.

Exemplos Práticos

a. Mercado de Trabalho

No mercado de trabalho, a escassez de habilidades pode levar a uma competição por empregos e a uma escolha deliberada sobre quais habilidades desenvolver. Os trabalhadores precisam decidir em que áreas investir seu tempo e recursos para maximizar suas oportunidades de emprego, refletindo a relação entre escassez e escolha.

b. Gestão de Recursos Naturais

A gestão de recursos naturais escassos, como água e terras aráveis, é um exemplo claro da interseção entre escassez e escolha. Governos e comunidades precisam decidir como alocar esses recursos de maneira sustentável, considerando as necessidades de diferentes grupos e o impacto ambiental de suas escolhas.

Conclusão: A relação entre o problema da escolha e o princípio da escassez é uma das fundações do pensamento econômico. A escassez não apenas obriga indivíduos e sociedades a fazerem escolhas, mas também molda essas escolhas através do custo de oportunidade e das prioridades estabelecidas. A análise dessa relação é crucial para entender como as decisões são tomadas em contextos econômicos, sociais e políticos, e como essas decisões influenciam o bem-estar individual e coletivo. Em um mundo de recursos limitados, a habilidade de tomar decisões informadas e eficazes se torna cada vez mais importante para promover um desenvolvimento sustentável e equitativo.

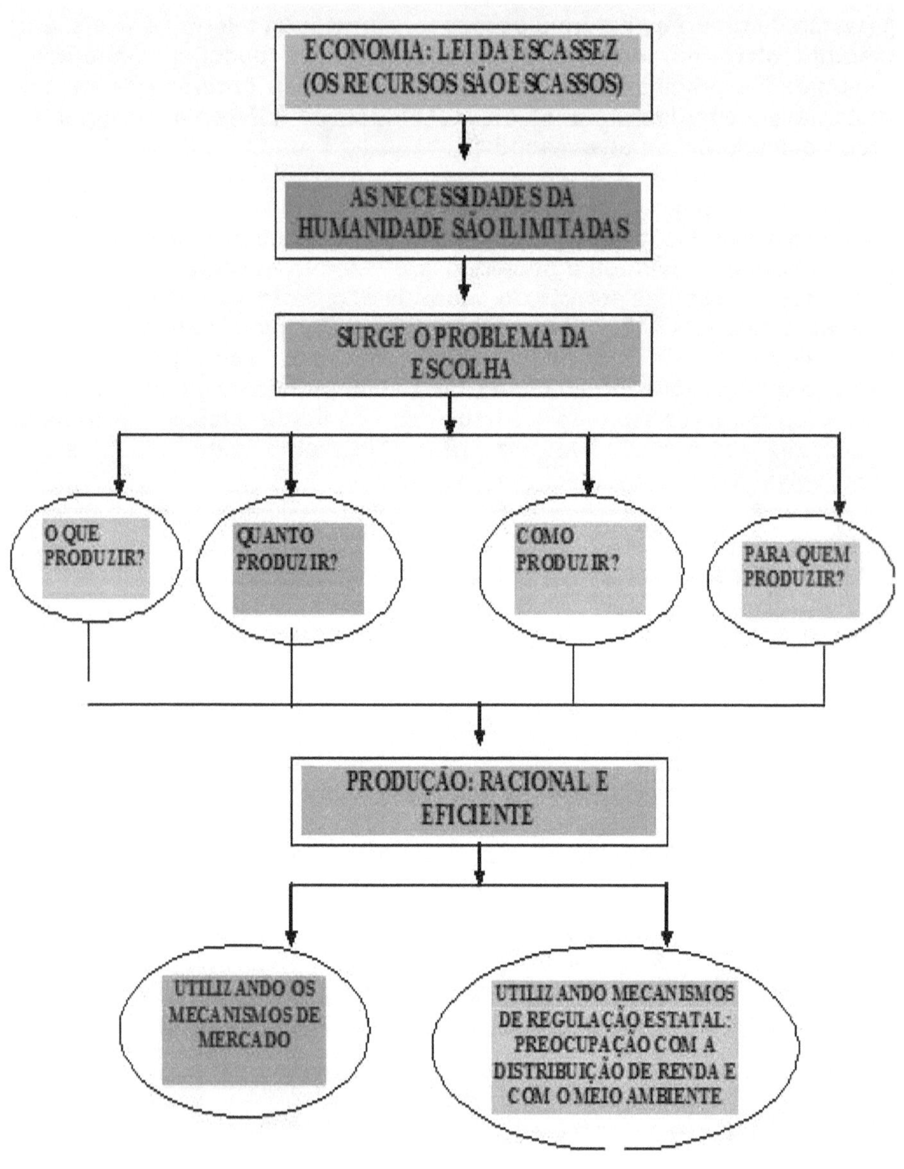

## 16.	Curva de Possibilidades de Produção ou Curva de Transformação

16.1. Escassez e Custo de Oportunidade

A escassez é um problema econômico fundamental. O problema da escassez pode ser representado por uma curva: a curva de possibilidades de produção – CPP. A CPP é um instrumento gráfico e teórico que representa a escassez em economia, sendo útil para compreender alguns conceitos econômicos importantes:

a) Os recursos econômicos não são homogêneos. A escolha entre dois bens envolve um custo de oportunidade, que é o sacrifício de se transferir os recursos de uma atividade econômica para outra. O custo de oportunidade existe em qualquer ato humano: é o custo de deixar de fazer alguma coisa para fazer outra coisa qualquer. Por exemplo, O custo de oportunidade da educação paga pelo próprio estudante é a renda que ele deixaria de ganhar caso estivesse trabalhando no horário de estudo. A CPP mostra o custo de oportunidade de produzir determinado bem: de quanto devo renunciar à produção de um bem, para produzir maior quantidade de outro bem.

b) A CPP é uma simplificação teórica: escolha de produção entre dois bens apenas.

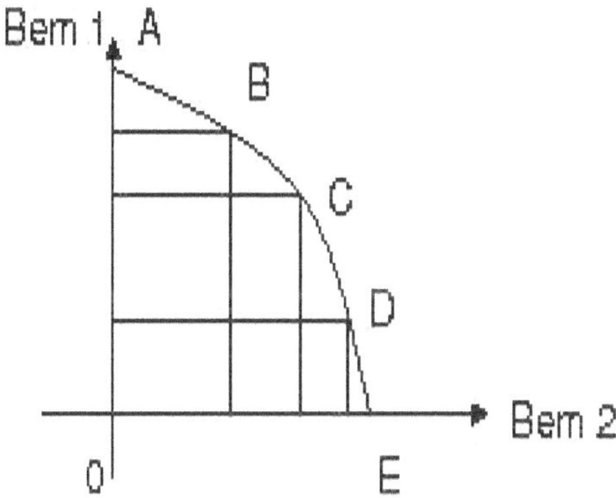

A, B, C, D, E: *Pontos de pleno-emprego dos fatores de produção* a partir de distintas combinações na produção dos bens 1 e 2.

c) A CPP mostra todas as combinações de produção de bens que podem ser simultaneamente produzidos, dados os limites impostos pela disponibilidade dos fatores de produção recursos naturais, capital, trabalho, tecnologia e capacidade empresarial. Quando nos movemos ao longo da CPP isso mostra como a produção pode ser mudada de um setor para outro transferindo recursos de um para outro setor.

d) A CPP mostra a capacidade máxima de produção, dada a disponibilidade de recursos. Um ponto sobre a CPP mostra uma economia operando no nível de pleno emprego dos fatores de produção (ponto A). O ponto B mostra uma economia operando com capacidade ociosa (recursos ociosos). O ponto C mostra um ponto impossível de produção (acima dos recursos disponíveis).

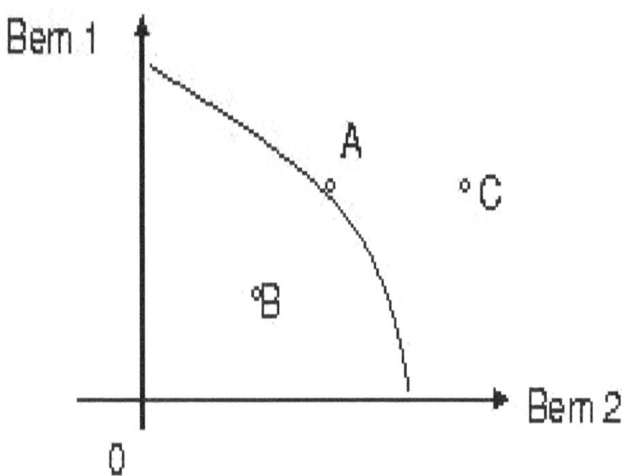

A: Ponto de possibilidades de produção correspondente ao emprego total dos fatores de produção. Está exatamente no nível máximo dos recursos disponíveis.

B: Ponto de possibilidades de produção correspondente a desemprego geral de fatores de produção. Está abaixo do nível máximo dos recursos disponíveis.

C: Ponto de possibilidades de produção impossível de ser obtido. Está além do nível máximo dos recursos disponíveis atualmente.

e) Numa economia operando no nível de pleno-emprego, para aumentar a produção de um bem tem-se que diminuir a produção do outro bem.

f) Um aumento na oferta de fatores de produção (descoberta de petróleo ou de minérios, aumento da área agriculturável, aumento populacional, descoberta de nova tecnologia mais eficiente) desloca a CPP para a direita, ampliando as possibilidades de produção.

g) A descoberta de uma nova tecnologia com fins comerciais desloca a CPP para a direita: maior produção com os fatores de produção disponíveis, tornada possível pela possibilidade de maior produtividade.

h) A CPP é uma curva decrescente, em forma de arco, dado que os recursos são limitados e a substituição entre quantidades de dois bens é cada vez mais difícil. A inclinação em qualquer ponto da CPP é a taxa marginal de transformação, a qual mede quantas unidades de um bem tenho que deixar de produzir para obter uma unidade adicional de outro bem. Quanto mais inclinada for a CPP, mais eu tenho que ceder de um bem para poder produzir outro bem. À medida que aumenta a produção do bem 2, sou obrigado a aumentar a quantidade do bem 1 que deixo de produzir. Para produzir quantidades cada vez menores do bem 2, deixo de produzir quantidades cada vez maiores do bem 1.

i) A CPP reflete custos crescentes, dado que tenho que realocar os fatores de produção capital e trabalho: ao se transferir recursos de uma atividade para outra a eficiência econômica cai (lei dos custos crescentes ou dos rendimentos marginais decrescentes). Isso ocorre porque:

j) alguns fatores de produção são fixos a curto prazo (estoque de capital, habilidades dos trabalhadores, recursos naturais). Em particular, mover trabalhadores de uma atividade para outra tem custos em termos de perdas de produção;

k) os trabalhadores têm treinamento específico: quando mudamos de produção há perda de produtividade, uma vez que os trabalhadores precisam ser treinados para produzir e operar outros bens. Por exemplo, trabalhadores que produzem ou operam máquinas datilográficas têm que ser treinados para produzir ou operar computadores.

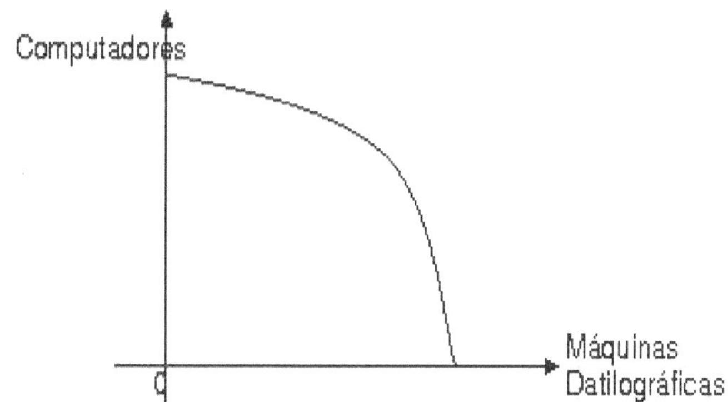

l) No caso limite em que ambos os setores utilizarem a mesma tecnologia, assumindo retornos constantes de escala, sem habilidades específicas requeridas e ausência de custos de mobilidade de fatores, a CPP seria uma linha reta e a taxa marginal de transformação seria constante.

m) A CPP pode se deslocar para a direita, ou porque há mais recursos disponíveis, ou porque o progresso tecnológico permite que mais bens e serviços possam ser produzidos com os mesmos insumos.

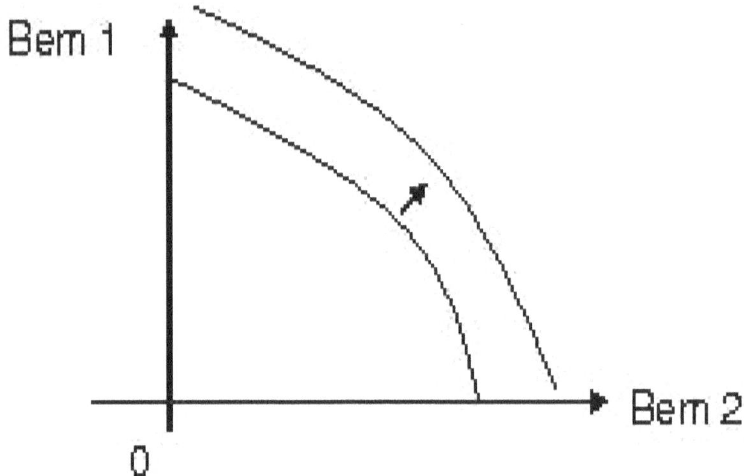

n) O crescimento econômico pode ser visto como um deslocamento da CPP para a direita gerando um aumento das possibilidades de produção pela maior disponibilidade de um ou mais fatores de produção (capital, trabalho, recursos naturais ou tecnologia).

o) A CPP também pode ser utilizada para exemplificar a escolha da sociedade entre consumir mais no presente, poupando menos, ou consumir mais no futuro, poupando mais.

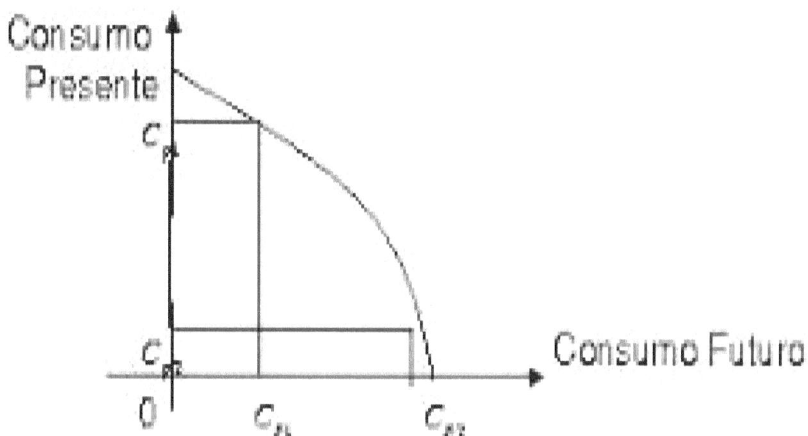

Onde:

C_{p1} = Consumo presente 1;

C_{p2} = Consumo presente 2;

C_{F1} = Consumo futuro 1;

C_{F2} = Consumo futuro 2;

p) O crescimento econômico é também uma escolha entre produzir mais bens de capital ou produzir mais bens de consumo. A decisão de consumir menos no presente é também uma decisão de poupar mais no presente. Com maior poupança, a sociedade produz mais bens de capital (máquinas e equipamentos), permitindo um maior consumo no futuro.

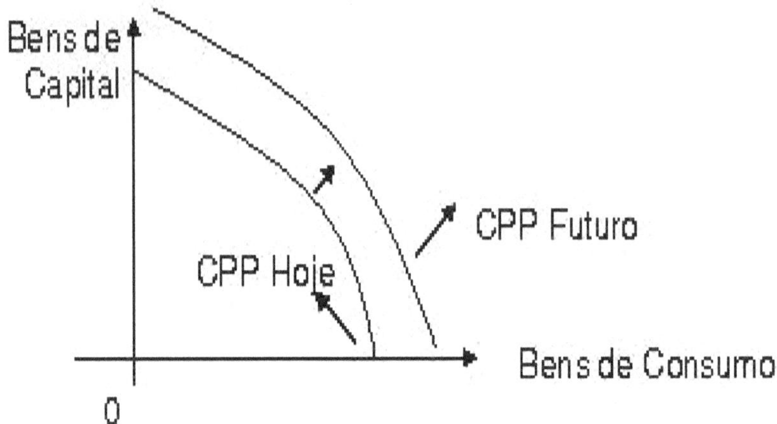

Possíveis inferências:

a) há um conflito de gerações: a sociedade tem que escolher entre consumo presente e consumo futuro.

b) economias que poupam mais, crescem mais: a sociedade tem que fazer uma escolha entre consumir menos no presente e consumir mais no futuro.

c) Os avanços tecnológicos permitem à sociedade produzir mais com os mesmos recursos, pelo aumento da produtividade da mão-de-obra e do capital.

17. O Problema da Organização Econômica

A Humanidade, basicamente, desenvolveu três tipos principais de sistema de organização econômica ao longo dos três últimos séculos: Sistema de Economia de Mercado Descentralizada, Sistema Misto e Economia de Planejamento Centralizado. As principais características de cada tipo de sistema são:

Sistema de economia de mercado descentralizada (economia orientada pelo sistema de preços de mercado):

- Propriedade privada dos meios de produção.

- Mecanismo de preços livres no mercado.

- Livre iniciativa.

- Forte concorrência nos mercados.

- Preço de equilíbrio determinado pela interação das forças de demanda e de oferta.

- Pequena participação estatal (apenas defesa nacional, segurança pública e obras públicas).

- Questões relacionadas com a eficiência econômica na alocação dos recursos são o centro do sistema econômico.

- Pouca ou nenhuma preocupação com as questões relacionadas ao bem-estar social.

- Grande preocupação com o lado da produção (oferta).

- O sistema se ajusta via preços (o nível de consumo depende do nível de renda).

Sistema Misto

- Propriedade privada dos meios de produção, mas com alguma propriedade estatal (pública) dos meios de produção.

- Mecanismo de preços livres, mas com alguns controles estatais.

- Livre iniciativa, mas com fortes investimentos estatais, especialmente nos setores considerados estratégicos.

- Forte concorrência em alguns mercados, mas pouca concorrência nos setores controlados pelo Estado e nos setores oligopolizados.

- Preço de equilíbrio determinado pela interação das forças de demanda e de oferta.

- Alguns preços fixados pelo governo.

- Grande preocupação com o bem-estar social (criação do Estado de bem-estar social).

Economia de Planejamento Centralizado

- Propriedade estatal (pública) dos meios de produção

- Preços fixados pelo governo.

- Sistema se ajusta pelas quantidades (sistema de racionamento).

- Não há concorrência nos mercados.

- Questões relacionadas com o bem-estar social são o centro do sistema econômico.

- A distribuição da riqueza (preocupação com o bem-estar social) é um dos pilares do sistema.

O Sistema Capitalista se mostrou superior na capacidade de produzir riqueza, mas tem se mostrado incapaz de distribuir a renda equitativamente de modo espontâneo. O Sistema Socialista pode distribuir melhor a riqueza, mas mostrou que não é capaz de criar riqueza a taxas equivalentes às do Capitalismo.

18. Fluxo Circular da Produção e do Consumo

Podemos utilizar o fluxo abaixo para representar o funcionamento de uma economia fechada sem governo, utilizando as seguintes variáveis:

a) Empresas.

b) Preços no mercado de produto.

c) Consumidores (Famílias).

d) Preço no mercado de fatores (salário, juros, aluguéis, lucros).

Firmas e famílias (consumidores) são, ao mesmo tempo, agentes econômicos compradores e vendedores. Firmas compram fatores de produção e vendem bens e serviços. Famílias vendem fatores de produção e compram bens e serviços.

Economia Fechada Sem Governo

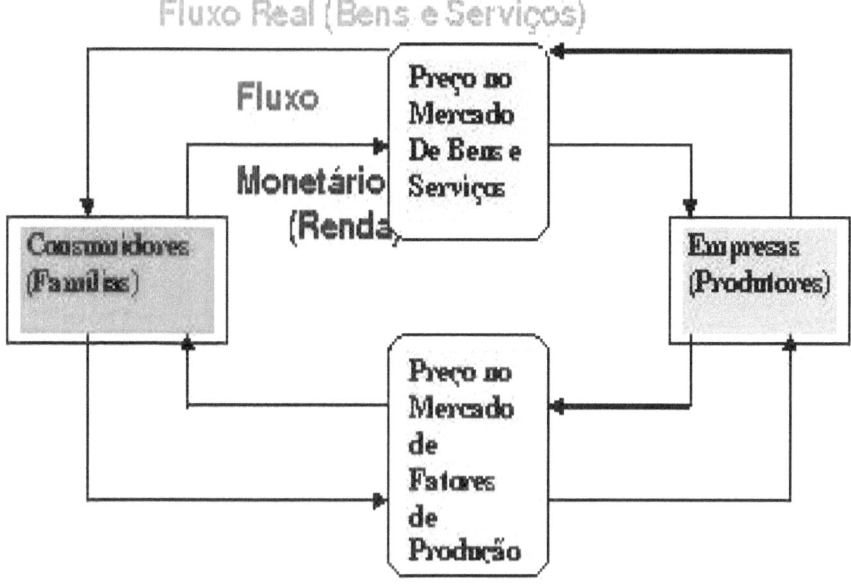

Fluxo Real (bens e serviços): Bens e serviços à disposição da sociedade;

Fluxo Monetário (remuneração dos fatores de produção): Salários, Lucros, Dividendos, Aluguéis e Juros.

A Lei de Say afirma que a oferta cria sua própria demanda. Como se vê, o fluxo circular da produção e do consumo pressupõe o equilíbrio entre oferta e demanda sugerido pela Lei de Say. François Quesnay (1694-1774) elaborou um sistema com características similares a esse fluxo, ao descrever como a produção e a riqueza circulam no sistema econômico.

19.   Preço de Equilíbrio

É o preço resultante da interação entre a oferta e a demanda ou preço ao qual a demanda é igual à oferta.

Preço de Equilíbrio

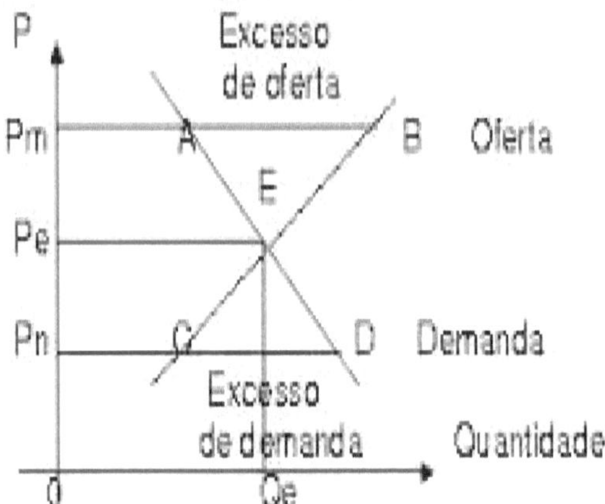

Pe = Preço de equilíbrio;

Qe = Quantidade de equilíbrio;

E = Ponto em que oferta e demanda são iguais.

Pm = Preço acima do preço de equilíbrio, provocando excesso de oferta;

Pn = Preço abaixo do preço de equilíbrio, provocando excesso de demanda.

15.1. Excesso de Oferta: Situação resultante da fixação de um preço (Pm) muito acima do preço de equilíbrio de mercado.

15.2. Excesso de Demanda: Situação resultante da fixação de um preço (Pm) muito abaixo do preço de equilíbrio de mercado.

20. Choques Econômicos

20.1. Definição de Choque Econômico

Choque econômico é um evento inesperado ou súbito que afeta a economia de forma significativa e muitas vezes disruptiva, provocando mudanças rápidas e abrangentes nas variáveis econômicas, como produção, emprego, inflação, consumo e investimentos. Esses choques podem ser tanto positivos quanto negativos, resultando em impactos diretos e indiretos sobre o desempenho econômico.

20.2. Tipos de Choques Econômicos

Os choques econômicos podem ser classificados em várias categorias:

1. **Choques de Demanda:**
   - Referem-se a mudanças repentinas na demanda agregada por bens e serviços. Um exemplo pode ser um aumento súbito no consumo devido a um aumento inesperado da renda dos consumidores ou uma queda na confiança do consumidor, resultando em uma desaceleração da demanda.
2. **Choques de Oferta:**
   - Envolvem alterações na capacidade produtiva da economia, como mudanças nos custos de produção ou na disponibilidade de insumos. Exemplos incluem desastres naturais que afetam a produção agrícola ou interrupções nas cadeias de suprimento.
3. **Choques Externos:**
   - Resultam de eventos fora da economia doméstica, como crises financeiras globais, guerras, mudanças nas políticas comerciais de outros países ou flutuações nos preços das commodities.
4. **Choques Monetários:**
   - Relacionam-se a mudanças nas políticas monetárias, como variações inesperadas nas taxas de juros ou em políticas de crédito, que podem impactar a liquidez e o investimento na economia.
5. **Choques Fiscais:**
   - Resultam de mudanças inesperadas na política fiscal, como aumentos ou cortes significativos de impostos, que podem alterar a renda disponível dos consumidores e a receita do governo.

20.3. Exemplos de Choques Econômicos

- **Crise Financeira de 2008:** Um choque econômico negativo que resultou de uma bolha imobiliária e a falência de grandes instituições financeiras, levando a uma recessão global.
- **Pandemia de COVID-19:** Um choque inesperado que impactou severamente a demanda e a oferta em todo o mundo, resultando em recessões, interrupções nas cadeias de suprimento e mudanças drásticas nos padrões de consumo.
- **Aumento dos Preços do Petróleo:** Um choque de oferta que pode ocorrer devido a conflitos geopolíticos ou restrições à produção, levando a aumentos nos custos de transporte e bens de consumo.

20.4. Efeitos dos Choques Econômicos

Os choques econômicos podem ter vários efeitos, incluindo:

- **Mudanças nas Taxas de Crescimento Econômico:** Dependendo da natureza do choque, o crescimento pode desacelerar ou, em alguns casos, acelerar rapidamente.
- **Flutuações na Inflação:** Choques de oferta podem levar a aumentos nos preços, enquanto choques de demanda podem ter efeitos opostos.
- **Alterações no Emprego:** Os choques podem resultar em demissões em massa ou, alternativamente, em um aumento da demanda por trabalho, dependendo da natureza do choque.

Conclusão: Em suma, um choque econômico é um evento súbito que impacta a economia, podendo alterar rapidamente as condições de mercado, os comportamentos dos consumidores e a política econômica. Compreender os diferentes tipos de choques e seus efeitos é crucial para formuladores de políticas e economistas que buscam mitigar os impactos negativos e aproveitar as oportunidades geradas por esses eventos.

Choques econômicos, portanto, são os fatores econômicos que tiram o sistema econômico de seu ponto de equilíbrio anterior. Os choques econômicos podem ser positivos, negativos ou neutros e se subdividem em choques de demanda, choques de oferta e choques políticos com implicações econômicas, dentre outros.

20.5. Choques de Demanda: Afetam direta ou indiretamente, de modo significativo, a demanda agregada da economia. Exemplos:

- Alterações fiscais (tributos e gastos do governo);

- Alterações monetárias (oferta de moeda e de crédito);

- Mudanças no investimento privado;

- Alterações no consumo privado;

- Alterações cambiais;

- Aumento na renda esperada;

- Aumento na absorção estrangeira (exportações);

- Alteração significativa de preços relativos na economia.

20.6. Choques de Oferta: Afetam direta ou indiretamente, de modo significativo, a oferta agregada da economia. Exemplos:

- Alterações tecnológicas significativas que permitam produzir mais, melhor e mais barato;

- Flutuações nos preços dos insumos ou "commodities" (petróleo, minérios, produtos agrícolas);

- Alterações climáticas significativas;

- Choque agrícola;

- Alterações salariais nominais significativas;

- Pestes e doenças de grande abrangência;

- Descoberta de novos recursos naturais (petróleo, ouro).

20.7. Choques Políticos Com Implicações Econômicas: Afetam direta ou indiretamente, de modo significativo, a demanda agregada e/ou a oferta agregada. Exemplos:

- Alteração significativa e repentina na política econômica (Planos Econômicos);

- Instabilidade política;

- Guerras;

- Terrorismo.

21.   Produtividade

A produtividade é uma medida da capacidade que os fatores de produção capital e trabalho têm de produzir bens e serviços em determinado período de tempo. Essa produção pode ser medida em quantidades ou em valor. Portanto, existem dois tipos de produtividade: produtividade do trabalho e produtividade do capital.

A produtividade é uma medida essencial da eficiência com que os recursos são utilizados para produzir bens e serviços. Ela pode ser analisada sob diferentes perspectivas e tipos, cada um com suas características e fórmulas matemáticas específicas. A seguir, apresento uma análise completa dos diversos tipos de produtividade, suas características principais e as equações associadas a cada um.

21.1. Produtividade do Trabalho: mede a contribuição da força de trabalho ao produto total:

Características:

- Definição: Mede a quantidade de output gerada por unidade de trabalho (horas trabalhadas ou número de trabalhadores).

- Fatores que influenciam: Treinamento, habilidades, motivação dos trabalhadores e condições de trabalho.

- Importância: Uma maior produtividade do trabalho geralmente resulta em maior produção e, potencialmente, em maiores salários.

$$Produtividade\ do\ Trabalho = \frac{Produção_t}{Número\ de\ Trabalhadores_t}$$

Onde: t= período de tempo (hora, dia, mês ou ano).

A produtividade do trabalho é um fator fundamental para determinar o crescimento dos salários: quanto maior a taxa de crescimento da produtividade do trabalho, maior pode ser a taxa de crescimento dos salários, sem que isso provoque efeitos inflacionários.

21.2. Produtividade do Capital: mede a contribuição do estoque de capital ao produto total:

$$Produtividade\ do\ Capital = \frac{Produção_t}{Estoque\ de\ Capital_t}$$

Onde: t= período de tempo (hora, dia, mês ou ano).

A produtividade de uma economia é um dos mais importantes elementos da competitividade internacional. Podemos afirmar que quanto maior for a produtividade, maior será o grau de competitividade internacional.

21.3. Produtividade Total dos Fatores (PTF)

Características:

- **Definição:** Mede a eficiência com que todos os fatores de produção (trabalho, capital e outros) são utilizados para gerar output.

- **Fatores que influenciam:** Melhoria na tecnologia, eficiência organizacional e inovação.

- **Importância:** A PTF é um indicador importante do crescimento econômico, pois reflete melhorias na produtividade que não são explicadas apenas pelo aumento dos insumos.

Equação:

$$Produtividade\ Total\ dos\ Fatores = \frac{\text{Produção Total}_t}{\text{Fatores de Produção (Trabalho + Capital + Outros)t}}$$

21.4. Produtividade do Trabalho Horário

Características:

- **Definição:** Específica para o output gerado por hora de trabalho.

- **Fatores que influenciam:** Intensidade do trabalho e qualidade do trabalho.

- **Importância:** Útil para medir a eficiência em setores onde as horas trabalhadas podem variar.

Equação:

$$Produtividade\ Horária = \frac{\text{Produção Total}_t}{\text{Total de Horas Trabalhadas}_t}$$

21.5. Produtividade do Setor

Características:

- **Definição:** Avalia a produtividade de um setor específico da economia (agricultura, indústria, serviços etc.).

- **Fatores que influenciam:** Inovação setorial, concorrência e regulamentações governamentais.

- **Importância:** Ajuda a entender onde a eficiência pode ser melhorada em setores específicos.

Equação:

$$Produtividade\ do\ Setor = \frac{\text{Produção do Setor}_t}{\text{Insumos do Setor (Trabalho + Capital)}_t}$$

21.6. Produtividade Marginal

Características:

- Definição: Mede a variação na produção resultante da adição de uma unidade adicional de um fator de produção, mantendo os outros fatores constantes.

- Fatores que influenciam: Lei dos rendimentos decrescentes, onde, após um certo ponto, adicionar mais insumos resulta em um aumento menor na produção.

- Importância: Fundamental na tomada de decisões sobre a alocação de recursos.

Equação:

$$Produtividade\ Marginal = \frac{\Delta\ \text{Produção Total}_t}{\Delta\ \text{Estoque de Capital}_t}$$

21.7. Produtividade por Unidade de Custo

Características:

- Definição: Mede a quantidade de output gerada por unidade de custo ou investimento.

- Fatores que influenciam: Estruturas de custo e eficiência na produção.

- Importância: Útil para avaliar a eficiência em relação a custos, especialmente em ambientes competitivos.

Equação:

$$Produtividade\ por\ Unidade\ de\ Custo = \frac{\text{Produção Total}_t}{\text{Custo Tratalho de Produção}_t}$$

21.8. Produtividade Sustentável

Características:

- Definição: Avalia a eficiência da produção levando em conta fatores ambientais e sociais, como uso de recursos naturais e impacto social.

- Fatores que influenciam: Políticas ambientais, inovação sustentável e responsabilidade social corporativa.

- Importância: Reflete a capacidade de gerar riqueza de maneira sustentável, sem comprometer os recursos para as gerações futuras.

Equação:

A formulação pode variar, mas uma representação comum é:

$$Produtividade\ Sustent\acute{a}vel = \frac{Produção\ Sustent\acute{a}vel_t}{Insumos\ Sustent\acute{a}veis_t}$$

Conclusão: A análise da produtividade revela que existem múltiplos tipos, cada um com suas características e fórmulas específicas. A produtividade do trabalho, do capital, a produtividade total dos fatores, entre outros, são essenciais para entender a eficiência econômica. A medição e a melhoria da produtividade são fundamentais para o crescimento econômico e para a competitividade das empresas e nações.

À medida que as economias evoluem, a ênfase em produtividade sustentável e em eficiência em relação ao custo está se tornando cada vez mais importante, refletindo uma preocupação crescente com a sustentabilidade ambiental e a responsabilidade social. Essas dimensões da produtividade serão cruciais para a prosperidade econômica e a qualidade de vida no futuro.

22.   Fundamentos Econômicos

O conceito de "fundamento econômico", como visto atualmente, é relativamente novo, não consistindo em nenhum princípio cientificamente elaborado, no sentido de ser universalmente aceito. Na verdade, esse conceito passou a ser utilizado mais recentemente pelo chamado "mercado", na avaliação do risco macroeconômico das economias em desenvolvimento.

O conceito de fundamento econômico refere-se aos princípios, teorias e fatores que sustentam o funcionamento das economias e dos sistemas econômicos. Esses fundamentos formam a base para a análise econômica, a formulação de políticas e a compreensão das interações entre os agentes econômicos. A seguir, apresento uma definição completa e abrangente de fundamento econômico, abrangendo suas características principais, categorias e relevância.

22.1. Definição de Fundamento Econômico

Fundamento econômico pode ser entendido como o conjunto de teorias, princípios, relações e fatores que explicam o comportamento dos agentes econômicos, a alocação de recursos, a produção de bens e serviços, a distribuição de renda e riqueza, e o funcionamento dos mercados. Esses fundamentos são essenciais para a análise das condições e decisões que afetam a economia em diferentes níveis, desde o individual até o global.

22.2. Características dos Fundamentos Econômicos

1. **Princípios Teóricos:** Os fundamentos econômicos são frequentemente baseados em teorias e modelos que buscam explicar fenômenos econômicos. Exemplos incluem a teoria da oferta e da demanda, a teoria do consumidor, e a teoria da produção.
2. **Agentes Econômicos:** Incluem indivíduos, empresas, governos e outras instituições que interagem no mercado. O comportamento e as decisões desses agentes são fundamentais para entender a dinâmica econômica.
3. **Interações de Mercado:** Os fundamentos econômicos consideram como os mercados funcionam, incluindo a formação de preços, o equilíbrio de mercado, e as condições de concorrência.
4. **Recursos Escassos:** Reconhecem que os recursos (trabalho, capital, terra) são limitados, levando à necessidade de decisões sobre como alocar esses recursos de maneira eficiente.
5. **Objetivos e Incentivos:** Consideram os objetivos dos agentes econômicos (maximização de lucros, utilidade, etc.) e os incentivos que influenciam suas decisões.
6. **Variáveis Macro e Microeconômicas:** Abrangem tanto questões microeconômicas (decisões individuais de consumo e produção) quanto macroeconômicas (crescimento econômico, inflação, desemprego etc.).

22.3. Categorias de Fundamentos Econômicos

1. **Fundamentos Microeconômicos:**
   - **Teoria do Consumidor:** Analisa como indivíduos fazem escolhas sobre o consumo, considerando preferências e restrições orçamentárias.
   - **Teoria da Produção:** Estuda como as empresas decidem sobre a combinação de fatores de produção para maximizar a produção e os lucros.
   - **Estruturas de Mercado:** Avalia como diferentes tipos de mercados (competição perfeita, monopólio, oligopólio) afetam o comportamento dos preços e a eficiência econômica.

2. **Fundamentos Macroeconômicos:**
   - Crescimento Econômico: Explora as causas e consequências do crescimento econômico, incluindo fatores como investimento, inovação e políticas governamentais.
   - Ciclos Econômicos: Analisa as flutuações da atividade econômica ao longo do tempo, incluindo recessões e expansões.
   - Política Monetária e Fiscal: Examina como as políticas governamentais influenciam a economia, incluindo a taxa de juros, a oferta de moeda, impostos e gastos públicos.
3. **Fundamentos Institucionais:**
   - Estruturas Legais e Institucionais: Consideram como as leis, regulamentos e instituições (bancos centrais, sistemas legais) moldam o ambiente econômico.
   - Governança e Políticas Públicas: Avaliam como a qualidade da governança e a formulação de políticas públicas afetam o desempenho econômico.

22.4. Relevância dos Fundamentos Econômicos

- Tomada de Decisão: Compreender os fundamentos econômicos permite que indivíduos e organizações tomem decisões informadas sobre consumo, investimento e produção.
- Formulação de Políticas: Os formuladores de políticas usam esses fundamentos para desenvolver estratégias que promovam o crescimento econômico, a estabilidade e o bem-estar social.
- Análise e Previsão: A análise dos fundamentos econômicos é crucial para prever tendências econômicas, identificar riscos e oportunidades, e avaliar o impacto de eventos externos (como crises financeiras ou mudanças políticas).
- Educação Econômica: A compreensão dos fundamentos econômicos é essencial para a educação econômica, permitindo que cidadãos participem ativamente do debate econômico e das decisões políticas.

Conclusão: O fundamento econômico é um conceito amplo e multifacetado que abrange teorias, princípios, relações e fatores que sustentam o funcionamento das economias. Compreender esses fundamentos é vital para a análise econômica, a formulação de políticas eficazes e a tomada de decisões informadas em um mundo interconectado e em constante mudança. Ao integrar aspectos microeconômicos, macroeconômicos e institucionais, os fundamentos econômicos oferecem uma base sólida para entender e responder aos desafios econômicos contemporâneos.

22.5. Tipos de Fundamentos Econômicos

Os fundamentos econômicos são essenciais para a avaliação de investimentos em uma determinada economia, pois fornecem uma base para entender a saúde econômica, o potencial de crescimento e os riscos associados a essa economia. Abaixo estão os principais fundamentos econômicos utilizados pelos investidores e analistas para avaliar investimentos:

1. Crescimento Econômico

- **Produto Interno Bruto (PIB):** A taxa de crescimento do PIB é um indicador crucial da saúde econômica de um país. Um PIB crescente sugere uma economia em expansão, o que geralmente atrai investimentos.

- **Setores de Crescimento:** Identificar setores da economia que estão crescendo rapidamente, como tecnologia ou energia renovável, pode oferecer oportunidades de investimento.

2. Inflação

- **Índice de Preços ao Consumidor (IPC):** Medidas de inflação, como o IPC, ajudam os investidores a entenderem a evolução dos preços e o poder de compra. Alta inflação pode corroer o retorno real dos investimentos.

- **Expectativas de Inflação:** As expectativas futuras de inflação influenciam as decisões de investimento, já que uma inflação alta pode levar a aumentos nas taxas de juros.

3. Taxas de Juros

- **Política Monetária:** As taxas de juros definidas pelos bancos centrais impactam o custo do capital. Taxas de juros mais baixas geralmente incentivam o investimento, enquanto taxas mais altas podem desestimular.

- **Custo do Empréstimo:** O nível das taxas de juros afeta a viabilidade de financiamentos para empresas e consumidores.

4. Taxa de Câmbio

- **Valorização/Desvalorização da Moeda:** A taxa de câmbio influencia a competitividade das exportações e importações. Uma moeda forte pode prejudicar as exportações, enquanto uma moeda fraca pode beneficiar os exportadores.

- **Risco Cambial:** Investidores que atuam em mercados internacionais devem considerar o risco cambial, que pode afetar o retorno sobre investimentos em moeda estrangeira.

5. Estabilidade Política e Institucional

- **Ambiente Político:** A estabilidade política é fundamental para a confiança dos investidores. Regimes estáveis e democráticos tendem a atrair mais investimentos do que aqueles com incertezas políticas.

- **Regulamentação:** O grau de regulamentação e a qualidade das instituições (como sistemas judiciais e de governança) impactam o ambiente de negócios.

6. Mercado de Trabalho

- **Taxa de Desemprego:** Uma taxa de desemprego baixa sugere um mercado de trabalho saudável, enquanto uma alta pode indicar problemas econômicos. O nível de emprego influencia o consumo e a demanda.

- **Qualificação da Força de Trabalho:** A educação e as habilidades da força de trabalho são importantes para atrair investimentos em setores que requerem mão de obra qualificada.

7. Balanço de Pagamentos

- **Conta Corrente:** O saldo da conta corrente, que inclui exportações e importações de bens e serviços, é um indicador da saúde econômica. Um déficit persistente pode sinalizar problemas econômicos.

- **Fluxos de Capital:** A entrada e saída de capital, incluindo investimentos estrangeiros diretos e portfólios, influenciam a estabilidade da economia.

8. Nível de Endividamento

- **Dívida Pública:** O nível de endividamento do governo e a capacidade de pagamento da dívida são essenciais para a avaliação do risco de um país. Uma alta dívida pública pode levar a cortes em gastos ou a aumentos de impostos.

- **Dívida Privada:** O nível de endividamento das empresas e dos consumidores também deve ser considerado, pois pode afetar a capacidade de consumo e investimento.

9. Expectativas de Mercado

- **Sentimento do Investidor:** A confiança do investidor, que pode ser medida por índices de mercado ou pesquisas, influencia as decisões de investimento. O otimismo pode levar a uma maior disposição para investir.

- **Análises e Relatórios:** Relatórios de análise econômica e previsões de agências de classificação e consultorias também afetam as expectativas de mercado.

10. Inovação e Tecnologia

- **Investimento em P&D:** O nível de investimento em pesquisa e desenvolvimento (P&D) é um indicador da capacidade de inovação de um país, o que pode impulsionar o crescimento econômico.

- **Adoção de Tecnologias:** A rapidez com que uma economia adota novas tecnologias pode impactar sua produtividade e competitividade.

11. Responsabilidade Fiscal

- Controle do endividamento público.

Conclusão: Os fundamentos econômicos mencionados acima desempenham um papel crucial na avaliação de investimentos em uma determinada economia. Investidores e analistas utilizam esses indicadores para tomar decisões informadas sobre onde alocar capital, considerando tanto as oportunidades quanto os riscos associados. A análise dos fundamentos econômicos ajuda a entender a dinâmica econômica e a identificar setores e regiões que oferecem o maior potencial de retorno sobre o investimento.

22.6. Quadro: Fundamento Econômico, Problema Econômico e Solução para o Problema Econômico

O termo Fundamentos Econômicos, como vimos, refere-se a um conjunto de variáveis apresentadas pelas diversas economias que podem caracterizar, do ponto de vista do mercado, uma situação econômica favorável ou desfavorável em termos do risco do investimento (ver Quadro abaixo). Como se vê no referido quadro, em princípio, são 13 (treze) os principais fundamentos econômicos (estabilidade de preços, responsabilidade fiscal, equilíbrio do setor externo, capacidade de geração de riqueza, taxa de juros real, taxa de câmbio real, grau de desenvolvimento humano, grau de competitividade internacional, sustentabilidade ambiental, grau de honestidade institucional, risco jurídico dos investimentos, estabilidade política e institucional). Deve ser ressaltado que essas variáveis podem mudar com o tempo, na medida em que a própria teoria econômica muda e o que é considerado hoje um fundamento econômico pode deixar de o ser no futuro.

FUNDAMENTOS ECONÔMICOS

FUNDAMENTO ECONÔMICO	PROBLEMA ECONÔMICO	SOLUÇÃO
Estabilidade de Preços	• Aumento da inflação. • A inflação piora a distribuição de renda. • A inflação cria instabilidade econômica.	• Banco Central Independente. • Fixação de metas de inflação (entre 2% e 3% ao ano, como nos países desenvolvidos. • Controle de preços. • Controle da massa monetária.
Responsabilidade Fiscal • Relação Dívida Pública Total/ PIB (Grau de Investimento: entre 30% e 50%) • Relação Dívida Pública Total/ Receitas Totais do Governo (Grau de investimento: entre 80% e 120%)	• Aumento descontrolado do endividamento público. • Relação Dívida Pública/ PIB acima de 60%.	• Aumentar o superávit primário em relação ao PIB. • Cortar os gastos correntes do governo. • Punir os gestores públicos que não cumprem as metas fiscais. • Estabelecimento de regras fiscais, controle de gastos públicos e aumento da arrecadação.
Equilíbrio no Setor Externo da Economia • Relação Déficit em Transações Correntes/ PIB	• Aumento descontrolado da dívida externa levando a problemas no balanço de pagamentos. • Exportações pouco dinâmicas.	• Câmbio flutuante para estimular as exportações. • Abertura dos mercados ao comércio internacional. • Controle das importações. • Taxas de juros elevadas para atrair capitais flutuantes. • Recorrer ao FMI. • promoção do consumo de produtos locais.
• Relação Dívida Externa/ Exportações (Grau de Investimento: entre 70% e 100%) • Relação Dívida Externa/ Reservas Internacionais (Grau de Investimento: entre 150% e 200%)	• Relação Dívida Externa/ Exportações acima de 2,0.	• Política de estímulo às exportações. • Câmbio flutuante. • Acumulação de reservas cambiais.
Capacidade de Geração de Riqueza	• Baixo crescimento econômico real levando a baixa	• Políticas favoráveis ao crescimento e ao

• Taxa de Crescimento Econômico Real	atividade econômica e ao aumento na taxa de desemprego.	investimento no longo prazo. • Estímulo ao consumo privado. • Políticas de estímulo ao investimento em inovação. • Políticas de criação de emprego, investimento em capacitação e formação profissional.
Taxa de Juros Real	• Taxas de juros reais acima de 5% ao ano, desestimulando o investimento produtivo.	• Utilizar os bancos públicos no financiamento das prioridades nacionais. • Recorrer a empréstimos no sistema financeiro internacional a taxas de juros mais baixas. • Equilibrar o balanço de pagamentos, reduzindo a necessidade de captar capitais de curto prazo. • Baixar a taxa de inflação.
Taxa de Câmbio Real	• Taxas de câmbio reais sobrevalorizadas, desestimulando as exportações.	• Câmbio flutuante.
Grau de Desenvolvimento Humano	• Baixo IDH levando a problemas sociais significativos.	• Aumentar os gastos sociais aos níveis dos registrados nos países desenvolvidos: educação, saúde, saneamento básico e habitação.
Grau de Competitividade Internacional	• Baixa competitividade internacional levando a problemas no balanço de pagamentos.	• Aumentar os gastos em P&D até alcançar a média dos países mais desenvolvidos (entre 2% e 4% do PIB) e melhorar a formação da mão-de-obra. • Estimular o empreendedorismo. • Criar uma cultura de alta produtividade no trabalho. • Incentivos fiscais para empresas que investem em inovação, aumento do financiamento para pesquisa. • Melhoria da infraestrutura, e políticas de apoio a exportações.
Sustentabilidade Ambiental	• O sistema econômico produz sobrecarregando os sistemas naturais de forma insustentável a longo prazo, seja utilizando recursos	• Ajustar o volume de produção e de consumo à capacidade dos sistemas ecológicos e naturais, recorrendo, se necessário, a novos métodos tecnológicos e industriais.

	naturais a uma taxa excessiva; seja provocando poluição e degradação ambiental que inviabiliza a produção e a qualidade de vida no futuro.	• Aprovar leis rigorosas de punição aos que cometem crimes contra o meio ambiente. • Implementação de políticas de sustentabilidade, promoção de práticas empresariais sustentáveis.
Grau de Honestidade Institucional	• A corrupção sistêmica elevada na sociedade compromete o uso dos recursos públicos para estimular o crescimento e o desenvolvimento econômico a longo prazo.	• Aprovar leis anticorrupção mais rigorosas e criar programas educacionais amplos que estimulem o comportamento honesto dos cidadãos. • Fortalecimento das instituições, implementação de medidas anticorrupção e promoção da transparência.
Risco Jurídico dos Investimentos	• A existência de grande instabilidade regulatória afugenta os investimentos internos e externos, comprometendo o crescimento econômico e a modernização da economia.	• Criar um marco regulatório estável, com regras jurídicas bem definidas. • Melhoria do sistema legal, proteção dos direitos de propriedade e maior previsibilidade nas regulamentações.
Estabilidade Política e Institucional	• Incerteza política que afeta a confiança dos investidores	• Fortalecimento das instituições democráticas, promoção de um ambiente de negócios estável.

Elaboração: Domingos de Gouveia Rodrigues

Observações

- Abrangência: A tabela abrange uma variedade de fundamentos econômicos, destacando a complexidade das interações que afetam a economia e os investimentos.
- Soluções Interligadas: Muitas das soluções podem interagir entre si. Por exemplo, a promoção de um ambiente institucional honesto pode melhorar a competitividade internacional e a atração de investimentos.
- Importância da Sustentabilidade: O reconhecimento da sustentabilidade ambiental como um fundamento econômico é crucial, especialmente em um contexto global onde questões ambientais estão cada vez mais presentes na agenda econômica.

Essa tabela pode servir como uma referência útil para entender os principais fundamentos econômicos e suas inter-relações no contexto de avaliação de investimentos.

23.   Exercícios Propostos

Aqui está uma lista de exemplos de exercícios que poderiam ser exigidos em um curso de conceitos básicos de economia:

Exercícios Práticos

1. Definições Básicas: Defina os seguintes termos: economia, escassez, bens, serviços, mercado, oferta e demanda.
2. Análise de Gráfico: Forneça um gráfico da curva de demanda e da curva de oferta e peça para os alunos identificarem o ponto de equilíbrio.
3. Estudo de Caso: Analise um caso de uma crise econômica recente e discuta suas causas e efeitos na economia local.
4. Cálculo de Elasticidade: Calcule a elasticidade-preço da demanda para um produto fictício, dadas as mudanças nos preços e nas quantidades demandadas.
5. Classificação de Bens: Classifique uma lista de produtos como bens normais, inferiores, substitutos e complementares.
6. Teoria da Oferta e Demanda: Discuta como uma mudança em um dos fatores que afetam a oferta ou a demanda pode impactar o preço de um produto no mercado.
7. Curvas de Indiferença: Desenhe uma curva de indiferença e explique o conceito de utilidade marginal.
8. Comparação de Sistemas Econômicos: Compare e contraste os sistemas econômicos de mercado, comando e misto, dando exemplos de países que adotam cada um.
9. Impacto de Políticas Fiscais: Analise o impacto de uma política fiscal expansionista sobre a economia de um país em recessão.
10. Cálculo do PIB: Dada uma tabela com dados de consumo, investimento, gastos do governo e exportações e importações, calcule o Produto Interno Bruto (PIB).
11. Defina Economia, levando em conta seus princípios fundamentais.
12. Quais são os problemas econômicos fundamentais?
13. Quais são os ramos principais da Economia?
14. Defina sistema econômico.
15. Quais são os principais fatores de produção?
16. Defina Bem e liste suas principais classificações.
17. Relacione a Economia enquanto Ciência com a metodologia científica da Economia.
18. Liste algumas Leis Econômicas importantes.
19. Relacione a Economia com outras Ciências, especialmente o Direito, apresentando suas principais interrelações.
20. Qual é a importância do estudo da Economia no curso de Direito? Que relações fundamentais existem entre essas duas Ciências?
21. Qual é a principal diferença entre a Economia Positiva e a Economia Normativa?
22. Defina a Curva de Possibilidades de Produção e liste algumas de suas aplicações importantes.

23. Defina custo de oportunidade.
24. Liste as principais diferenças entre os sistemas capitalista, misto e centralizado.
25. Defina Preço de equilíbrio.
26. Liste os principais tipos de choque econômico.
27. Defina produtividade e suas principais classificações.
28. Defina fundamentos econômicos e liste alguns desses fundamentos.

Exercícios Teóricos

29. Discutir Custo de Oportunidade: Defina o conceito de custo de oportunidade e forneça um exemplo prático de uma escolha econômica.
30. Explorar o Princípio da Escassez: Explique como o princípio da escassez se aplica à vida cotidiana, dando exemplos de escolhas que você deve fazer devido à escassez de recursos.
31. Análise de Políticas Monetárias: Discuta os efeitos de uma política monetária contracionista na economia.
32. Efeito da Globalização: Analise como a globalização afeta a oferta e a demanda por produtos em um país específico.
33. Estudo sobre o Mercado de Trabalho: Discuta como a oferta e a demanda no mercado de trabalho influenciam os salários.

Exercícios Práticos com Dados

34. Análise de Dados de Mercado: Dada uma tabela de dados de vendas de um produto ao longo de um ano, analise as tendências e discuta possíveis razões para as flutuações nas vendas.
35. Simulação de Cenários: Crie um cenário fictício onde a demanda por um produto aumenta drasticamente. Discuta as possíveis respostas do mercado e as implicações para os preços.
36. Entrevista com Empreendedores: Realize uma entrevista com um pequeno empresário e discuta os desafios que ele enfrenta em termos de oferta e demanda.
37. Elaboração de um Orçamento Pessoal: Peça aos alunos para elaborar um orçamento mensal com base em suas receitas e despesas, destacando como fazem escolhas econômicas.
38. Discussão sobre Ética Econômica: Discuta o papel da ética na economia, fornecendo exemplos de práticas empresariais que podem ser consideradas antiéticas.

Conclusão: Esses exercícios abrangem tanto a teoria quanto a prática, incentivando os alunos a aplicarem conceitos econômicos a situações do mundo real. Eles também promovem o pensamento crítico e a análise, habilidades essenciais para compreender os fundamentos da economia.

24. BIBLIOGRAFIA

ARROW, Kenneth J.; HAHN, Frank H. General Competitive Analysis. San Francisco: Holden-Day, 1971.

BLANCHARD, Olivier. Macroeconomics. 7. ed. Upper Saddle River: Pearson, 2017.

BOURDIEU, Pierre. O Poder Simbólico. Rio de Janeiro: Bertrand Brasil, 1989.

BRUE, Stanley L.; GRANT, Randy R. The Evolution of Economic Thought. 8. ed. Mason: South-Western Cengage Learning, 2013.

CARVALHO, Fernando J. Cardim de. Introdução à Economia Monetária. São Paulo: Campus, 2003.

CHRISTIANO, Lawrence J.; FITZGERALD, Terry J. The Business Cycle: It's Still a Puzzle. Cleveland: Federal Reserve Bank of Cleveland, 1998.

FRIEDMAN, Milton. Capitalismo e Liberdade. São Paulo: Abril Cultural, 1984.

KEYNES, John Maynard. Teoria Geral do Emprego, do Juro e da Moeda. São Paulo: Atlas, 1992.

KRUGMAN, Paul R.; WELLS, Robin. Economics. 5. ed. New York: Worth Publishers, 2018.

LIPSEY, Richard G.; CHRYSTAL, Alec. Economics. 13. ed. Oxford: Oxford University Press, 2015.

MANKIW, N. Gregory. Principles of Economics. 9. ed. Boston: Cengage Learning, 2021.

MARSHALL, Alfred. Principles of Economics. 8. ed. London: Macmillan and Co., 1920.

NORDHAUS, William; SAMUELSON, Paul. Economics. 19. ed. New York: McGraw-Hill, 2009.

PINDYCK, Robert S.; RUBINFELD, Daniel L. Microeconomics. 9. ed. Boston: Pearson, 2018.

RODRIGUES, Domingos de Gouveia. *Introdução à história do pensamento econômico: edição revisada e ampliada*. [2023]. Disponível em: https://www.amazon.com.br/dp/B0DJGL87J3. Acesso em: 18 out. 2024.

RODRIGUES, Domingos de Gouveia. *Introdução à economia monetária, ativos financeiros e sistema financeiro nacional*. [2023]. Disponível em: https://www.amazon.com.br/dp/B0DJWBHS6W. Acesso em: 18 out. 2024.

RODRIGUES, Domingos de Gouveia. *Globalização e blocos econômicos: organizações internacionais e balanço de pagamentos*. [2023]. Disponível em: https://www.amazon.com.br/dp/B0DJWBHS6W. Acesso em: 18 out. 2024.

RODRIGUES, Domingos de Gouveia. *Uma entrevista com Adam Smith, Marx, Keynes e Friedman* (Teoria Econômica, Livro 1). [2023]. Disponível em: https://www.amazon.com.br/dp/B0DJ2WZZ6L. Acesso em: 18 out. 2024.

RODRIGUES, Domingos de Gouveia. *Uma "entrevista" com os gigantes do liberalismo econômico: lições de pensadores históricos sobre a liberdade econômica*. [2023]. Disponível em: https://www.amazon.com.br/dp/B0DJ2WZZ6L. Acesso em: 18 out. 2024.

RODRIGUES, Domingos de Gouveia. *Crescimento econômico e desenvolvimento econômico* (Teoria Econômica, Livro 2). [2023]. Disponível em: https://www.amazon.com.br/dp/B0DJWBHS6W. Acesso em: 18 out. 2024.

RODRIGUES, Domingos de Gouveia. *Desenvolvimento tecnológico: o desafio para os países em desenvolvimento*. [2023]. Disponível em: https://www.amazon.com.br/dp/B0DJWBHS6W. Acesso em: 18 out. 2024.

RODRIGUES, Domingos de Gouveia. *Aristóteles: o primeiro economista*. [2023]. Disponível em: https://www.amazon.com.br/dp/B0DJWBHS6W. Acesso em: 18 out. 2024.

RODRIGUES, Domingos de Gouveia. *Progresso: econômico, humano, social e ambiental*. [2023]. Disponível em: https://www.amazon.com.br/dp/B0DJWBHS6W. Acesso em: 18 out. 2024.

RODRIGUES, Domingos de Gouveia. *Economia e meio ambiente: os riscos do colapso ambiental*. [2023]. Disponível em: https://www.amazon.com.br/dp/B0DJWBHS6W. Acesso em: 18 out. 2024.

ROMER, David. Advanced Macroeconomics. 5. ed. New York: McGraw-Hill, 2018.

SEN, Amartya. Desenvolvimento como Liberdade. São Paulo: Companhia das Letras, 2000.

SICSÚ, João; PAULA, Luiz Fernando de; MICHEL, Renaut. Novo-desenvolvimentismo: Um Projeto Nacional de Crescimento com Equidade Social. Barueri: Manole, 2005.

SOUZA, Fernando G. de; SOUZA, Ricardo A. Economia para Leigos. São Paulo: Alta Books, 2019.

SOUZA, José Pastore de. O Que é Economia. São Paulo: Brasiliense, 1985.

STIGLITZ, Joseph E.; ROSENGARD, Jay K. Economics of the Public Sector. 4. ed. New York: W. W. Norton & Company, 2015.

VARIAN, Hal R. Intermediate Microeconomics: A Modern Approach. 9. ed. New York: W. W. Norton & Company, 2014.

APÊNDICE: CONCEITOS DE ELASTICIDADE EM MICROECONOMIA

1. DESCRIÇÃO E ANÁLISE DOS CONCEITOS DE ELASTICIDADE EM MICROECONOMIA

Elasticidade em Microeconomia: Conceitos e Análise

A elasticidade é um conceito central em microeconomia, utilizado para medir a sensibilidade de uma variável em relação a outra. Esse conceito permite avaliar como mudanças em preços, renda ou outros fatores econômicos afetam a demanda e a oferta de bens e serviços. A elasticidade oferece insights cruciais para tomada de decisão, tanto para consumidores quanto para produtores e formuladores de políticas.

1. Elasticidade-preço da demanda ($\varepsilon_p D$)

A elasticidade-preço da demanda mede a sensibilidade da quantidade demandada de um bem em resposta a variações no preço desse bem. Formalmente, ela é calculada como:

$$\text{Elasticidade} - \text{preço da demanda} = \frac{variação~\%~na~quantidade~demandada}{variação~\%~no~preço}$$

Tipos de Elasticidade-preço da Demanda:

- **Demanda elástica:** Quando $|\varepsilon_p|>1$, uma pequena mudança no preço leva a uma variação proporcionalmente maior na quantidade demandada. Isso ocorre, geralmente, em produtos com muitos substitutos.

  - **Exemplo:** Produtos como eletrônicos ou roupas de moda, onde um aumento no preço tende a reduzir significativamente a demanda.

- **Demanda inelástica:** Quando $|\varepsilon_p|<1$, a quantidade demandada responde menos que proporcionalmente às variações de preço. Isso ocorre com produtos essenciais, para os quais os consumidores têm poucas alternativas.

  - **Exemplo:** Produtos como medicamentos essenciais ou bens de primeira necessidade, como alimentos básicos.

- **Demanda unitária:** Quando $|\varepsilon_p|=1$, a variação percentual no preço resulta em uma variação percentual equivalente na quantidade demandada.

  - Exemplo: Pode ocorrer em bens onde a mudança de preço é compensada pela proporcionalidade na resposta da demanda.

- **Demanda perfeitamente elástica:** $\varepsilon_p \to \infty$. Nessa situação, uma pequena variação no preço causa uma variação infinita na quantidade demandada, o que é teórico e reflete mercados perfeitamente competitivos.

- **Demanda perfeitamente inelástica:** $\varepsilon_p=0$. Aqui, a quantidade demandada não varia independentemente do preço. Esse tipo de demanda pode ser aplicado a bens absolutamente necessários e sem substitutos.

  - Exemplo: Tratamentos médicos vitais, como insulina.

Fatores que afetam a Elasticidade-preço da Demanda:

- **Existência de substitutos:** Quanto mais substitutos, mais elástica tende a ser a demanda.

- **Essencialidade do bem:** Bens essenciais tendem a ter uma demanda inelástica.

- **Proporção da renda gasta no bem:** Bens que consomem uma grande parte da renda são geralmente mais elásticos.

- **Horizonte temporal:** A elasticidade pode variar no curto e no longo prazo. A demanda tende a ser mais elástica no longo prazo, à medida que consumidores e produtores ajustam seus comportamentos.

2. Elasticidade-preço da Oferta ($\varepsilon_p O$)

A elasticidade-preço da oferta mede a sensibilidade da quantidade ofertada de um bem às mudanças no preço. É calculada de forma semelhante à elasticidade-preço da demanda:

$$\text{Elasticidade} - \text{preço da oferta} = \frac{\text{variação \% na quantidade ofertada}}{\text{variação \% no preço}}$$

Tipos de Elasticidade-preço da Oferta:

- **Oferta elástica:** $\varepsilon_p > 1$, onde uma variação no preço leva a uma mudança mais que proporcional na quantidade ofertada. Isso é comum em indústrias onde a produção pode ser ajustada rapidamente.

- o Exemplo: Produtos manufaturados que podem ser rapidamente produzidos ou ajustados.

- **Oferta inelástica:** $\varepsilon_p < 1$, onde a quantidade ofertada responde menos que proporcionalmente às mudanças no preço. É comum em indústrias com restrições de capacidade produtiva ou de recursos.

  - o Exemplo: Agricultura de safras específicas em curto prazo, onde não é possível aumentar a produção imediatamente.

- **Oferta perfeitamente elástica:** $\varepsilon_p \to \infty$. Pequenas variações no preço podem causar grandes variações na oferta. Isso pode ocorrer em mercados com muitos produtores e baixo custo de entrada.

- **Oferta perfeitamente inelástica:** $\varepsilon_p = 0$. A quantidade ofertada não muda com o preço, geralmente em mercados com capacidade fixa de produção.

  - o Exemplo: Espaço em estádios ou teatros, onde a oferta é limitada fisicamente.

Fatores que afetam a Elasticidade-preço da Oferta:

- **Tempo de produção:** Produtos que levam muito tempo para serem produzidos tendem a ter oferta inelástica no curto prazo.

- **Capacidade produtiva:** Setores que podem expandir rapidamente sua capacidade produtiva têm oferta mais elástica.

- **Mobilidade dos fatores de produção:** Se os recursos podem ser facilmente realocados, a elasticidade da oferta tende a ser maior.

3. Elasticidade-renda da demanda (εrD)

A elasticidade-renda da demanda mede a sensibilidade da quantidade demandada de um bem em relação à variação da renda dos consumidores. É dada por:

$$Elasticidade - renda\ da\ demanda = \frac{variação\ \%\ na\ quantidade\ demandada}{variação\ \%\ na\ renda}$$

Tipos de Bens com base na Elasticidade-renda:

- **Bens normais: $\varepsilon r>0$. A quantidade demandada aumenta conforme a renda aumenta.**

  - Bens de luxo: $\varepsilon r >1$, onde a demanda cresce mais que proporcionalmente em relação ao aumento da renda.

  - Bens de necessidade: $0< \varepsilon r <1$, onde a demanda cresce menos que proporcionalmente em relação à renda.

- **Bens inferiores: $\varepsilon r <0$. A demanda por esses bens diminui à medida que a renda dos consumidores aumenta.**

  - Exemplo: Alimentos básicos de menor qualidade, como macarrão instantâneo, tendem a ter demanda reduzida quando a renda aumenta.

4. Elasticidade cruzada da demanda (εcD)

A elasticidade cruzada da demanda mede como a quantidade demandada de um bem responde à variação no preço de outro bem. A fórmula é:

$$\text{Elasticidade} - \text{cruzada da demanda} = \frac{variação\ \%\ na\ quantidade\ demandada\ de\ B}{variação\ \%\ no\ preço\ de\ A}$$

Tipos de Relações entre Bens:

- **Bens substitutos: $\varepsilon c >0$. Um aumento no preço do bem A aumenta a demanda pelo bem B.**

  - Exemplo: Margarina e manteiga.

- **Bens complementares: $\varepsilon c <0$. Um aumento no preço do bem A reduz a demanda pelo bem B.**

  - Exemplo: Automóveis e gasolina.

- **Bens independentes: $\varepsilon c =0$. Não há relação entre os dois bens.**

  - Exemplo: Laranjas e software.

Aplicações da Elasticidade em Políticas Econômicas:

- **Tributação: Conhecer a elasticidade permite aos governos avaliarem o impacto de impostos sobre bens elásticos ou inelásticos. Impostos sobre bens inelásticos, como cigarro, podem gerar mais receita com menor impacto sobre a demanda.**

- Regulação de preços: Autoridades podem intervir para controlar preços em mercados de bens essenciais com elasticidade inelástica, minimizando os efeitos de flutuações de preços.

Conclusão:

A elasticidade é uma ferramenta fundamental para entender a interação entre oferta, demanda, preços e renda em mercados. Ela ajuda a prever como consumidores e produtores ajustam seu comportamento a mudanças econômicas, permitindo a formulação de estratégias mais eficazes tanto para empresas quanto para políticas públicas.

2. COMO AS EMPRESAS UTILIZAM OS CÁLCULOS DE ELASTICIDADE DE SEUS PRODUTOS

As empresas utilizam os cálculos de elasticidade de seus produtos para tomar decisões estratégicas em diversas áreas, como definição de preços, planejamento de produção, estratégias de marketing e gestão de estoques. A elasticidade fornece informações cruciais sobre como os consumidores reagem a mudanças de preços, renda e outras variáveis, permitindo às empresas ajustarem suas ações para maximizar lucros e otimizar a alocação de recursos.

1. Decisões de Preços

A elasticidade-preço da demanda é uma das ferramentas mais importantes para determinar a estratégia de preços de uma empresa. Dependendo de quão sensíveis os consumidores são às variações de preço, a empresa pode optar por aumentar ou reduzir seus preços.

- Se a demanda é elástica ($|\varepsilon_p| > 1$): Pequenas alterações no preço podem provocar grandes variações na quantidade demandada. Nesse caso, aumentos de preços podem resultar em uma queda significativa nas vendas, o que pode reduzir a receita total. Empresas que enfrentam demanda elástica tendem a buscar alternativas como reduções de preços para aumentar o volume de vendas e, consequentemente, a receita.

  - Exemplo: No setor de tecnologia, como smartphones ou eletrônicos, onde existem muitos substitutos, as empresas podem reduzir preços durante promoções ou lançamentos de novos produtos para aumentar a demanda.

- **Se a demanda é inelástica ($|\mathcal{E}_p| < 1$): Os consumidores são menos sensíveis às mudanças de preço, o que permite à empresa aumentar seus preços sem perder muitos clientes. Nesse cenário, um aumento de preço pode levar a um aumento na receita total, já que a queda nas vendas será proporcionalmente menor do que o aumento no preço.**

  - **Exemplo: Empresas que vendem medicamentos ou produtos de necessidade básica podem aumentar preços de forma mais segura, sabendo que a demanda permanecerá relativamente constante.**

2. Planejamento de Produção

O cálculo da elasticidade-preço da oferta ajuda as empresas a planejarem sua produção, entendendo como a oferta de seus produtos pode ser ajustada em resposta às variações de preço de mercado.

- **Oferta elástica: Quando a elasticidade-preço da oferta é alta, a empresa pode facilmente aumentar ou reduzir a produção em resposta às variações de preço. Isso permite uma gestão flexível de estoques e da produção.**

  - **Exemplo: Uma fábrica de roupas pode aumentar rapidamente a produção durante períodos de alta demanda, como em datas sazonais (Black Friday ou Natal), sem sofrer grandes custos adicionais.**

- **Oferta inelástica: Em mercados onde a oferta é mais rígida, como no caso de produtos agrícolas ou de indústrias com processos complexos, as empresas precisam planejar com antecedência e considerar fatores externos, como o clima ou o tempo de fabricação.**

  - **Exemplo: Um produtor de vinho tem uma oferta inelástica no curto prazo, pois a produção depende de safras que levam anos para maturar. A empresa precisa antecipar a demanda futura para garantir que terá produto suficiente.**

3. Segmentação de Mercado e Estratégias de Marketing

A elasticidade-renda da demanda é usada pelas empresas para segmentar seus mercados e ajustar suas campanhas de marketing. A sensibilidade à renda indica quais tipos de consumidores provavelmente responderão a aumentos ou reduções de renda e quais tipos de produtos devem ser promovidos a diferentes segmentos.

- **Bens de luxo ($\varepsilon r > 1$):** Produtos com alta elasticidade-renda, como carros de luxo, joias e serviços exclusivos, têm uma demanda que cresce mais que proporcionalmente ao aumento da renda. Empresas que vendem esses produtos podem segmentar suas campanhas de marketing para consumidores de alta renda ou em países onde o crescimento da renda é robusto.

  - Exemplo: Marcas de luxo como Rolex ou Ferrari costumam focar seus esforços de marketing em mercados emergentes, onde a classe média alta está em expansão.

- **Bens de necessidade ($0 < \varepsilon r < 1$):** Esses produtos, como alimentos e vestuário básico, têm uma demanda menos sensível à renda. As empresas que operam nesses mercados podem direcionar suas campanhas para atingir uma ampla base de consumidores, com ênfase em promoções e preços competitivos.

4. Gestão de Estoques e Previsão de Demanda

O entendimento da elasticidade cruzada da demanda permite que as empresas ajustem seus estoques e sua previsão de demanda, especialmente em setores onde existem produtos substitutos ou complementares.

- **Substitutos:** Se o preço de um produto concorrente aumenta, uma empresa pode prever um aumento na demanda por seus próprios produtos, já que os consumidores irão trocar o produto mais caro pelo seu. Com essa informação, a empresa pode aumentar seus estoques ou ajustar sua produção para atender à maior demanda esperada.

  - Exemplo: Uma empresa que vende margarina pode prever um aumento na demanda se o preço da manteiga subir, ajustando seu marketing e produção em resposta.

- **Complementares:** Quando os preços de produtos complementares aumentam, a empresa pode antecipar uma queda na demanda por seu próprio produto. Nesse caso, pode ajustar suas promoções ou buscar formas de diversificar sua oferta.

  - Exemplo: Um fabricante de impressoras pode esperar que um aumento no preço dos cartuchos de tinta cause uma redução na demanda por novas impressoras. Para combater isso, pode lançar campanhas promocionais oferecendo descontos ou pacotes.

5. Tomada de Decisões de Investimento

As empresas utilizam os cálculos de elasticidade para tomar decisões de longo prazo sobre novos investimentos e expansões. Por exemplo, a análise da elasticidade da demanda pode indicar se um mercado está saturado ou se há espaço para crescimento.

- **Mercados com demanda elástica:** Podem não ser atraentes para grandes investimentos, já que os consumidores são altamente sensíveis a preços e a concorrência é intensa.

- **Mercados com demanda inelástica:** São mais seguros para investimentos, pois a estabilidade da demanda oferece retornos previsíveis.

    - Exemplo: Empresas do setor de energia ou telecomunicações, onde a demanda é inelástica, frequentemente fazem grandes investimentos de infraestrutura com base em uma demanda constante e previsível.

Conclusão: Os cálculos de elasticidade são uma ferramenta poderosa nas mãos das empresas, fornecendo insights detalhados sobre como diferentes variáveis econômicas afetam o comportamento dos consumidores e, por consequência, as operações e estratégias da empresa. Ao entender a elasticidade de seus produtos, as empresas podem tomar decisões mais informadas sobre preços, produção, marketing e investimentos, garantindo maior competitividade e eficiência no mercado.